Anseios da alma

ANTONIO DENTI

Copyright © 2022 by Editora Letramento
Copyright © 2022 by Antonio Denti

Diretor Editorial | Gustavo Abreu
Diretor Administrativo | Júnior Gaudereto
Diretor Financeiro | Cláudio Macedo
Logística | Daniel Abreu
Comunicação e Marketing | Carol Pires
Assistente Editorial | Matteos Moreno e Maria Eduarda Paixão
Designer Editorial | Gustavo Zeferino e Luís Otávio Ferreira
Capa | Sérgio Ricardo
Revisão | Camila Araújo
Diagramação | Renata Oliveira

Todos os direitos reservados. Não é permitida a reprodução desta obra sem aprovação do Grupo Editorial Letramento.

Dados Internacionais de Catalogação na Publicação (CIP) de acordo com ISBD

D414a	Denti, Antonio
	Anseios da alma / Antonio Denti. - Belo Horizonte, MG : Letramento ; Temporada, 2022.
	172 p. ; 14cm x 21cm.
	ISBN: 978-65-5932-233-6
	1. Literatura brasileira. 2. Poesia. I. Título.
2021-3385	CDD 869.1
	CDU 821.134.3(81)-1

Elaborado por Odilio Hilario Moreira Junior - CRB-8/9949

Índice para catálogo sistemático:
1. Literatura brasileira : Poesia 869.1
2. Literatura brasileira : Poesia 821.134.3(81)-1

Rua Magnólia, 1086 | Bairro Caiçara
Belo Horizonte, Minas Gerais | CEP 30770-020
Telefone 31 3327-5771

TEMPORADA
é o selo de novos autores do
Grupo Editorial Letramento

editoraletramento.com.br • contato@editoraletramento.com.br • editoracasadodireito.com

ALMAS GEMEAS

Todo amor é belo, em alguns momentos,
Ternos abraços, com calor, sobejos.
Num simples roçar de corpos sedentos,
Na satisfação de intensos desejos,

Existindo total sinceridade,
Em se amando, serão apenas um,
Haverá plena reciprocidade,
Inexistindo preconceito algum.

A vida ganha beleza e importância,
Por ambos comungar em consonância,
Já dominados pela afinidade
Viverão cordatos, paixão infinda,
Ousando desejar algo maior ainda.
Por serem almas gêmeas de verdade.

21 de janeiro de 2015

SOFREGUIDÃO

Jamais quero sofrer em outra vida,
Por sentimentos simples, sem maldade.
Desta ilusão falaz e tão dorida,
Causa cruel de tanta infelicidade.

Resta deste passado o encantamento,
Por este amor belo, porém fugaz,
Eterna paixão, fido sentimento,
De um total ardor, coeso, bem veraz.

A vida, contudo, segue constante,
Transmutando amor puro e natural,
E em mutação tenaz, perseverante,
Provocará um descontrole total,
Fazendo deste tão sincero amante,
Um triste sofredor, em potencial.

novembro de 2014

RECORDANDO

Amor de toda uma vida.
Eternamente adorado,
Nunca por mim esquecida,
Sempre será relembrado.

Amor puro, verdadeiro,
Constante, querido assim,
Botão de rosa, primeiro,
A florir em meu jardim,

Um amor sutil, latente,
Sonhado, constantemente
Saudoso, e sempre esperado.

Presente a todo momento,
Constante em meu pensamento,
Jamais será olvidado.

SEMPITERNO

Belo desejo, jamais vivido,
Marcado em mim, indelevelmente.
Mesmo nunca tendo acontecido,
Estará comigo eternamente.

Tínhamos ainda bem poucos anos,
E eu já sonhava por teus amores,
Mas tantos foram os desenganos,
Que dispensei teus belos favores.

São ardorosos sonhos de criança,
Todos eles vivos na lembrança,
Embora nunca compartilhados,
Doce e terno tormento sofrido,
De um grande amor jamais esquecido.
Que feneceu nos tempos passados.

setembro de 2014

RENITÊNCIA

Às vezes é gostoso relembrar,
Fatos imarcescíveis do passado,
Poder saudosamente sopitar,
Nuanças de um triste amor desprezado.

Adentramos assim nossa memória,
E vasculhando nosso subconsciente,
Encontramos saudosa a bela história,
Que fez esse amor, assim tão leniente,

Conciso, aceitarei naturalmente,
Ter sido um sonho sincero, veraz,
Razão deste querer, assim premente,
É naturalmente, falso e mendaz,
Fazendo de mim, sonhador carente,
Vítima deste amor tão pertinaz.

24 de novembro de 2014

RECONCILIAÇÃO

Eu já vivo o momento tão sonhado,
Da desejada reconciliação,
E da esperada reaproximação,
Com nosso compromisso renovado,

Amor assim tão belo e verdadeiro,
Sempre constante em nossos corações,
Ousando renovar velhas paixões,
É sempre um belo sonho, alvissareiro,

Eu jamais conseguirei te esquecer,
Você possivelmente irá lembrar,
Deste amor que tentamos olvidar,

Mas que atrevido busca reviver,
Ousando intensamente recordar,
Doces conjugações do verbo amar.

10 de outubro de 2014

AMOR EXÍGUO

É natural esta paixão serena,
Com sentimentos bons compartilhados,
Uma relação calma e bem serena,
De nobres corações apaixonados.

Com tal pensar, quedei tranquilamente,
Bem feliz, a esperar despreocupado,
Revivendo, sempre alegre e contente,
Aquele terno amor por mim sonhado

A vida, porém, por falaz maldade,
Transmutou o sonho, em triste saudade,
Premeditando nosso afastamento,
Promovendo nossa separação,
Magoando meu sofrido coração,
Alijando-me do teu pensamento

15 de outubro de 2014

EVOLUÇÃO

Toda evolução na vida de um ser,
Pelo adágio, já é meio caminho andado,
Ela nos fará sempre compreender
Distinguir-nos, como sêr elevado.

Convém ser às vezes um babaquara,
E por engano, parecer esperto,
É motivo pra não "quebrar a cara",
Circunstancialmente, estou bem certo.

Disse Sócrates, confirmou Platão:
'Quanto mais sei, mais sei, que nada sei';
Lendo esta notável afirmação,
Por certo, nunca mais me acomodei.
Essa tão necessária erudição,
Só em vidas constantes, conseguirei.

01 de março de 2014

AMOR ETERNAL

Nunca encontrarás em toda tua vida,
Inda que percorras o mundo inteiro;
Debalde buscarás paixão sentida,
E um outro amor assim, tão verdadeiro.

A vida conseguiu nos separar,
Mas conservou em mim o encantamento,
Ousando assim, cada vez mais te amar,
Revivendo este amor no pensamento.

Espero qualquer hora te encontrar
Ter uma maneira de te falar,
Exaltando tanto quanto te amei,
Razão maior de minha vida inteira
Nunca esquecida, por ser verdadeira,
Ousando viver sonhos que eu sonhei.

N.A.: Escrita em novembro de 1962.
Refeita em outubro de 1970

RECORDAÇÕES

De tudo quanto existiu,
Naquela paixão de outrora,
Sem você tudo partiu,
Quase nada resta agora.

No consciente, saudades,
No peito um coração triste,
Sorvendo a dura verdade,
De um terno amor que persiste.

Se recordar é viver,
Recordarei a sofrer,
Quimeras, desilusões;
Tentarei viver sorrindo,
Meu próprio ser iludindo,
Vivendo recordações.

1954

BERÇO AMADO

Ibiraçu, meu berço inesquecível,
Onde do empírico, nasci para o mundo,
Restaurando um reviver, bem fecundo,
Em existência natural, plausível.

Conheci jovem, a felicidade,
Momentos sublimes, imarcescíveis,
De deleites e folguedos, incríveis,
Razão constante, de eternal saudade.

Nas andanças, em teu seio aconchegante,
Quando ainda era chamado Pau Gigante,
Em divertimentos inumeráveis,

Conheci você também, oh, criatura!
Razão do bem querer e da candura,
Que tenho por todos, imensuráveis.

agosto de 2017

IBIRAPAU, AÇÚGIGANTE

Nasci às margens do Piraqueaçú,
Nos primórdios do século passado
Em um clã, simples, mas respeitado,
No local, hoje chamado Ibiraçú.

Pequeno ainda dei azo à minha história,
Inocente, aceitei, porém com certo pejo,
Contrariando meu mais puro desejo
Fui com minha família pra Vitória.

Desordenando toda minha vida,
Desprotegido e sem qualquer guarida,
Em época de um conflito, mundial.
Sobrevivi a tudo, e doce encanto,
A cidade que sempre amei tanto,
Resplandeceu mais atraente, afinal.

agosto de 2017

O SERESTEIRO

Noite alta; a madrugada se aproxima;
Um seresteiro, a versejar declama.
Em lágrimas, quer por amor derrama,
Árias, por um alguém que muito estima.

Surge a aurora, e na janela cerrada
Nada acontece; plena escuridão.
Busca suportar a desilusão
Voltando triste a mísera morada.

Num desejar latente e bem constante,
O amor, sempre sonhado, já distante,
Paixão, infinda, que tanto queria;
Pois, se a doce amada também quisesse.
Certamente, ele então, talvez pudesse,
Amá-la, como ninguém a amaria.

14 de julho de 2017

SEXUALIDADE

Nós homens, em geral, fazemos sexo;
As mulheres, porém, fazem amor,
Numa exposição íntima, sem complexo,
Em simbiose completa, com louvor.

Os homens, às vezes, por leviandade,
Por motivos banais, ou ostentação;
As mulheres buscam felicidade,
Portando sempre amor no coração.

Existem raríssimas exceções,
Em casos de desfastio ou disfunções,
Sendo o amor para ambos, vero suplício;

Para o homem então,… nem se fala!
A mulher, contudo, pouco se abala.
Aceitando serena, o sacrifício.

agosto de 2017

FÁTUO AMOR

Queria beijá-la, haurindo teu perfume,
Colher nos lábios teus, o amor sublime,
O apaixonado ósculo, que redime,
Desejadas carências, sem queixume.

És luz, em meu sentir, assaz flamante,
Desejos reprimidos, ilusões.
Constantes, neste viver aos turbilhões,
Com avassalada perseverante.

Deveria expungír-la do pensamento,
Suprimindo o trágico sentimento,
O amor, que na verdade, se acabou.

Pra que viver absorto, nas saudades,
Por certo alguém, pleno de fatuidades,
Que do amor, de per si, se obliterou.

10 de agosto de 2017

DOLÊNCIA

No ressumar constante, desta verdade,
Desse imensurável e terno amor,
Suporto tristonho, a dorida saudade,
Sendo na vida, eterno sonhador.

Em lamentos tristonhos, deprimentes.
Rememoro sempre decepcionado;
Momentos trágicos e inconsequentes;
Sempre fazendo, de mim, um coitado.

Resta pouco pro termo desta lida,
Desta ilusão nostálgica, perdida,
Magoando destarte, meu coração.

Na languidez de um torpor doloroso,
Suportarei penar bem desastroso,
Tentando delir tal sofreguidão.

agosto de 2017

ÍNSITO QUERER

És bem o amado ser que eu tanto quero,
Um terno e doce amor, mais que perfeito,
Sempre ardente e constante, no meu peito,
Certamente deslumbrante, e sincero.

Seria talvez, bem melhor, te olvidar,
Evitaria, destarte, sofrimentos,
Expungiria assim, flatos sentimentos,
Podendo, um triste amor obliterar.

Sofro diuturnamente esta saudade
Relembrando da minha mocidade.
Do sempre desejado amor primeiro

E confesso que jamais te esqueci,
Sonhando agora muito mais por ti,
Com bem querer, imenso e verdadeiro.

AMBIGUIDADE

Se soubesses quanto te amei na vida
Embora sendo ambos compromissados,
Compreenderias esta dor tão sentida,
Causa constante dos meus tristes fados.

E talvez, penalizada de mim,
Entendesse toda esta minha dor,
O porquê de tanto sofrer assim,
Cativo deste tão grandioso amor.

Então, quem sabe, um dia, um pouco tarde,
Vivamos ternos amores, sentidos,
Como dois belos amantes queridos,
Sorvendo a chama que teimosa arde,
Levando-me a viver, pra mais te amar,
E não sofrer, somente a recordar. -

RELEVÂNCIA

De tudo quanto existiu,
Naquela paixão de outrora,
Sem você tudo partiu,
Quase nada resta agora.

No consciente, saudades,
No peito um coração triste,
Sorvendo a dura verdade,
De um terno amor que persiste.

Se recordar é viver,
Recordarei a sofrer,
Quimeras, desilusões;
Tentarei viver sorrindo,
Meu próprio ser iludindo,
Vivendo recordações.

1969

EXAURIDO AMOR

Nota-se em meu semblante macerado,
A dor pungente das ingratidões,
Por triste amor haurido no passado,
Pleno de sonhos e de decepções. -

No ocaso de fugaz felicidade,
De atroz e tão pertinaz sentimento,
Eu percebi que tudo na verdade,
Eram quimeras do meu pensamento. -

A atração que a ti me prendia, difusa,
Era banal, fugaz inspiração,
Devendo ser condicionada e inclusa,
No tredo rol de estúpida paixão,
Aceitando feliz, a tua recusa,

Libertando meu triste coração. -

10 de outubro 2016

SONHO ILUSÓRIO

Por que na minha infância conheci,
Você, hoje tão bela e tão distante,
Fazendo da esperança que senti,
Sofrenças de um apaixonado amante.

Conheci apenas túrbida quimera,
Sonhando miragens, gozando a paz,
Estático nesta dolente espera,
Cativo de amor trágico, falaz.

Já não me resta mais sequer paciência,
Chega desta funesta abstinência,
E do eterno sonhar desencontrado,
Confesso você foi tudo para mim,
A vera razão do sofrer sem fim,
Sonhando por amor já fracassado.

09 de dezembro de 2015

MÃE

Já não somos mais a doce família,
Cada qual, agora, tem seus caminhos,
Vão seguindo todos, sua própria trilha,
Erradamente, vivendo sozinhos.

São filhos de uma mesma mãe, tão doce,
Jamais poderíamos, dela esquecer,
Mas, o seu grande desejo, acabou-se,
Junto assim, com seu ínclito viver.

Se antes, é certo, não conseguia,
Enquanto, entre nós exemplar vivia,
Agora distante é quase impossível;
Vivendo tão silente lá no astral,
Suportará um sofrimento total,
Carpindo dor, talvez, indescritível.

2015

MELANCÓLICO

É tão só, tristeza e melancolia,
Alimentando em mim, esta saudade,
Sorrateira, agindo com maldade,
Transmutando este amor, em nostalgia.

Um desejo ardente, por vã quimera,
Promissor sentimento que se acaba,
Um castelo de sonhos, que desaba,
Num viver sofrente, sempre a tua espera.

O amor que sinto por você, me basta,
Um perenal querer, paixão tão vasta,
Que o passar do tempo, tenta apagar,

Sempre presente, nesta vida ingrata,
Maldosa e bem falaz, tão só retrata,
Momentos tristes de um tredo sonhar.

16 de abril de 2017

MIMO

Sempre resplandecente, bafejada,
Pelo astral, que deu-te a ti, de sobejo,
Esta soma sensual, que tanto almejo,
Que faz de ti, musa mui desejada.

Tivesse eu, tamanha oportunidade.
Viveria o galardão, por mim sonhado,
Bem distinto, e constante imaginado,
Alcançando presto, a felicidade.

Afeto sincero, bem natural,
Resultante de um romance virtual,
Sem reciproca, após tão longa espera.

Resplandecente querer sublimado,
Razão deste inócuo afeto, frustrado,
Desta túrbida e constante quimera.

12 de outubro de 2017

ÊXTASE

No desejar de tuas meigas carícias,
Dos mais suaves e perenais enlevos,
No refulgir dos ardores primevos,
A sonhar com carinhosas blandícias;

Seria bom, certamente, encontra-la ainda,
No alvor desta paixão que me arrebenta,
Deste desejo ardente, que maltrata,
Nesta carência, tão constante, infinda.

Em anelos cariciosos, mundanos,
Na volúpia dos desejos insanos,
Tua ausência será bastante sentida.
E nesta dolência desesperada,
Você será por mim, sempre lembrada,
Naturalmente, jamais esquecida.

01 de novembro de 2015

RENITÊNCIA

Jamais compartilhaste deste amor,
Deixando-me transido, desolado,
Constrito, sofrendo tamanha dor
Muito amando, mas nunca sendo amado.

Talvez fosse melhor tê-la esquecido,
Que ter amor assim, sequer notado,
A vida talvez ganhasse sentido,
Embora continuando, apaixonado.

Penso que não irei mais te encontrar;
O tempo para nós, já terminou,
Aquele terno sonho se acabou,

Não necessito mais te procurar.
Resta, porém, desta ilusão infinda,
Este estoico amor que sobrevive ainda.

06 de outubro de 2014

REVIVER

Não é um sonho vão, tampouco quimera,
O bem querer, deste almejar profundo.
Pleno sofrer, por desejada espera,
Por este amor constante, bem fecundo.

Engastulado num coração fiel,
De um costumaz, e probo sonhador,
Nos desatinos de infausto papel,
De um constante e inusitado langor.

Inexistem certamente esperanças,
Para tão indispensáveis mudanças,
Nós sonhos desde amante, consternado;

Seria maravilhoso acontecer,
Ver meu doce anseio, revivescer,
Remindo as sofreguidões do passado.

15 de janeiro de 2015

"POUR ELISE"
(Epigrama)

Poderia bem, ser tudo um belo sonho,
E aquele terno anelo, que vivi,
Ressurgiria agora, bem mais risonho,
Recompensando o muito que eu sofri.

Entre as dolências de um adeus bisonho,
Carpi pesaroso, a sonhar por ti,
Haurindo, o lindo amor que bem tristonho,
E sempre saudoso, eu nunca esqueci.

Dolente, a recordar nosso passado,
Insistentemente, pensando em ti
Trago ainda, no meu olhar, já nublado,
O adorado ser, que eu nunca esqueci,
Sublimando, infeliz, desconsolado,
A saudade deste amor, que eu perdi.

10 de novembro de 1975

DESPERTAR DO AMOR

Reconheço, foste um dia,
Em meus tempos de criança,
A mais sonhada esperança,
De um terno amor que eu sentia.

Neste amor eu percebi,
Jamais haver alternância,
Mesmo vivendo á distancia,
Sei que nunca te esqueci.

Digo agora, a relembrar,
Nesta singela mensagem,
O que não tive coragem,
De sincero, confessar.

Ouso agora, te dizer,
Te amo, te adoro, e te quero,
E naturalmente, espero,
Contigo enfim conviver.

Este amor, sempre constante,
Que me avassala bastante,
Que em vão procuro esquecer,

Estará sempre comigo,
Será meu eterno castigo,
Meu fadário, até morrer.

NOVEMBRO de 1951

ANGÚSTIA

A vida, já de todo a se acabar,
E eu, a sorver realidades enfadonhas,
Saudades tolas, sempre tristonhas,
Doridas lembranças, a recordar.

Busco esquece-las, pra melhor viver,
Refém de um ledo amor, que me fascina,
De paixão, bem veraz, que me alucina,
Que em sofrenças, deixo transparecer.

Triste langor, verdadeiro suplício,
Infausto e desastrado sacrifício,
Tendo por escopo, a felicidade.

Em espécie, uma carta de alforria,
Pois inocente, eu sequer percebia,
Ser tudo, tão somente, fatuidade.

outubro de 2014

PEDRA FUNDAMENTAL

Doce alma que partiu tão der repente,
Com missão naturalmente cumprida,
Saudoso langor, deixas certamente,
Na triste lástima, da despedida.

Na função das tarefas maternais,
Desfrutamos teus doces encantamentos,
De esposa à bisavó, foste demais,
Super perfeita, em todos os momentos.

Partiste, mas guardamos a certeza.
Que retornastes ao mundo espiritual,
O eterno astral, repleto de beleza,
E lá te encontraremos, afinal,
E a razão nos mostrará, com clareza,
Que tanto sofrer, é bem natural.

16 de setembro de 2016

RECÔRDO

Sei que nunca te esqueci,
Desde meus tempos de criança,
Sonho agora mais por ti,
Com perenal esperança.

Cada ser tem um destino,
Para alguns, doce sonhar.
Meus sonhos são de menino,
Num porvir, sempre a te amar.

Por isso sigo vagando,
Nunca sabendo até quando,
Dura tão triste penar;
Esta sofrida agonia,
Desejando, qualquer dia,
Finalmente te olvidar.

02 de agosto de 2014

VIVÊNCIAS

Muito sofri neste mundo,
Por atos, talvez banais,
Não tive amor facundo,
Tampouco simples demais.

Pra que reclamar da vida,
Vivida sempre a lutar,
Falta pouco pra partida,
Para o astral, retornar,

Não devo inculpar a vida,
Bem molesta, e tão dorida,
Lastimando tanto assim,
Retornarei certamente,
Com viver bem diferente,
Para um progresso sem fim.

26 de agosto de 2014

VOCÊ

Amor veraz de uma vida,
Eternamente adorada,
Paixão jamais esquecida.
Sempre por mim relembrada.

Desejo assaz verdadeiro,
Querido, constante em mim,
Botão de rosa primeiro,
A florir no meu jardim.

Doce sentir, bem latente,
Sonhado frequentemente,
Saudoso é sempre lembrado,
Presente a todo momento,
Sobejo em meu pensamento,
Jamais será olvidado.

1990

VÃ QUIMERA

Alma da minh'alma, sempre distante,
Embora em meu querer, sempre presente,
Razão desta paixão, tão envolvente,
Plena e constante, em meu ego jubilante.

Sem deleites a se considerar,
Amor que não passou de vã quimera,
Num trágico sentir, que se oblitera,
Cerceado em razão de um longo esperar.

Sem merecer de ti, qualquer querença,
Ressentido com tanta indiferença,
Busco naturalmente te olvidar;

Reconhecendo a mais pura verdade,
Viverei eternamente na saudade,
Somente me restando, este sonhar.

10 de abril de 2017

DESAMOR

Foste bem importante, em minha vida;
Prenúncio de um querer apaixonado
Desejo íntimo jamais realizado,
De um sonhador costumaz, sem guarida.

Persisto mesmo assim, neste sonhar.
Vivendo constante, a sofrer tristonho,
Reservando todo o amor, que disponho,
Para ardorosamente te entregar.

Por certo, nada disto importa mais,
São desejos, com apegos banais,
E para nós, não seria diferente.

A vida deu-te a ti felicidades,
Para mim, só tristezas e saudades,
Deste tão sofrido amor, sempre ausente.

15 de fevereiro de 2016

PERSISTÊNCIA

Sempre só, assim, te amando ternamente,
Esperançoso de reencontrar-te, ainda,
Viabilizando esta paixão, infinda,
Que bem me avassala, constantemente,

É um sentimento pertinaz, pungente.
De um amor sofrido, mas transbordante;
Sempre a me deslumbrar, a todo instante,
Em dolência, conspícua e bem latente.

O tempo seguirá perseverante,
Transmudando este amor, tão natural,
E nesta ação ocasional, mutante,
Provocará um descontrole total,
Fazendo de um sincero e probo amante,
Um triste sonhador, em potencial.

09 de setembro de 2015

EXAURIDO AMOR

Nota-se em meu semblante macerado,
Marcas pungentes, das sofreguidões,
Por triste amor haurido no passado,
Pleno de infortúnios e decepções.

No ocaso da fugaz felicidade,
De falaz e pertinaz sentimento,
Reconheci que tudo na verdade,
Eram quimeras, do meu pensamento.

A atração que me prendia a ti, difusa,
Era formal, frugal inspiração,
Devendo ser considerada e inclusa,
No rol, da mais tresloucada paixão.
Aceitando cordato, tua recusa,
Libertarei meu pobre coração.

20 de outubro de 2015

ILUSO AMOR

Se tú dissesses para mim: eu te amo,
Transformar-me-ias, no mais feliz mortal.
É da vida, a dádiva que conclamo,
Embora seja assim, bem natural.

Bem mais que amor, é dúlcida esperança,
É um terno sonhar, ventura risonha;
Belo viver de frugal temperança,
Ardor perenal, em paixão tristonha.

Sentimento veraz, inusitado,
De um intenso bem querer, sublimado,
Sempre notável, de um ardor constante.

Primordial querer, desta minha vida,
Sonhada quimera, nunca esquecida,
Nostálgico afeto, perseverante.

10 de maio de 2015

ÍNSITO QUERER

És o amado ser, que tanto quero,
Um doce e terno amor, mais que perfeito,
Sempre ardente e conspícuo, no meu peito,
Por certo, mui devotado e sincero.

Seria, talvez, bem melhor olvidar,
Expungindo doridos sentimentos,
Evitando destarte, sofrimentos,
Podendo, um triste amor obliterar.

Serenamente, vivo esta saudade,
Relembrando da minha mocidade,
Do sempre desejado, amor primeiro;

E confesso, que jamais te esqueci,
Sonhando agora, muito, mais por ti,
Com bem querer, imenso e verdadeiro.

15 de maio de 2017

ENGANO

És a musa, razão dos meus encantos,
Ocupando absoluta, meus espaços,
Já antegozando, teus beijos e abraços,
Causa dos meus desditosos quebrantos.

Por certo, seria simples te olvidar,
Buscando um novo escopo, pra viver,
Tentando inutilmente te esquecer,
Fiel e embevecido, sempre a te amar.

Vivendo agora, o ocaso desta vida,
Relembro nostálgico, a despedida,
Buscando compreender tal ato, insano.

Por que ficaste tão indiferente,
Bem percebendo, indubitavelmente,
Que tudo não passou, de um ledo engano,

17 de setembro 2017

RECORDAÇÕES

Vasculhando remoto calendário,
Revendo os saudosos anos, vividos,
Sinto ressurgir, no meu imaginário,
Fatos marcantes, por demais sentidos.

Desditosos, porém, inesquecíveis,
Primordial razão, de imenso querer,
De amores sobejos e imarcescíveis,
Causa natural, deste meu sofrer.

Dúlcida ilusão, assaz pressentida,
Quimérica paixão da minha vida,
Plena, sincera, e por demais veraz.

Surgiu por certo, deslumbradamente,
Mas quedará comigo, eternamente,
Embora seja assim, sempre fugaz.

26 de fevereiro de 2015

"ONLY YOU"

Foi consentaneamente, um belo sonho,
Sendo com você, quase divinal;
Momento de langor, transcendental,
É, nesta vida, tudo que disponho.

Certamente és, ilusória quimera,
Jamais concedendo, um gesto de amor,
Ao contrito e perdido sonhador,
Jubilante, nesta paixão sincera.

Por que, assim, tão tristonho recordar,
Melhor seria deste sonho despertar,
Confrontando, a dorida realidade;

Deste utópico amor, do meu passado,
Que em devaneios, é sempre relembrado,
Apenas revivido na saudade.

14 de setembro 2016

DESILUSÃO

Foi naturalmente, um simples sonhar,
Enredo bem vivo, na minha mente;
Vã ilusão, de um sonhador carente,
Cativo de um constante desejar.

Anelo, certamente equivocado,
Lembranças de uma infância assaz funesta,
Problemas desta triste vida, infesta,
Que fazem de mim, um pobre coitado.

Hoje, no obscuro acaso desta vida,
Sem sonhos e esperanças, sem guarida,
Persisto, num desejar enfadonho,

Num viver vazio e desesperador,
Sem compartir, um só gesto de amor,
Eternamente infeliz e tristonho.

18 de dezembro de 2016

CONSPÍCUO AMOR

Desde os saudosos dias, de nossa infância,
Eu já te amava, e sequer percebia.
Amor sobejo, e de total constância,
Sonho fugaz, de eternal fantasia.

Nesta simples, mas dúlcida mensagem,
Devo sinceramente confessar,
Ser tudo, bela e enganosa miragem,
Que em devaneios, busco relembrar.

Sobranceira diva, que tanto quero,
Que apaixonadamente, assaz venero,
Viva, e sempre presente, em meu sonhar;

Paixão atemporal, de minha vida,
Em momento algum, jamais esquecida,
Num ancho querer, e constante amar.

07 de julho de 2014

INOCENTE QUERER

Querer imenso, fugaz, esmaecido,
Mas em mim marcado indelevelmente,
Muito embora, não tendo acontecido,
Será sempre constante e bem presente.

Lembro-me bem, tínhamos poucos anos,
E eu, sempre sonhava, por teus amores;
Tantos foram, porém, os desenganos,
Que olvidei teus desejados favores.

Era um inocente anelo de crianças,
Bem sincero e conciso nas lembranças,
Todavia, sequer compartilhado.
Terno e dúlcido instante, já perdido,
Um amor inconteste, jamais vivido,
Sempre presente, em meu sonhar frustrado.

15 de abril de 2016

ARROUBOS

Há em nosso amor, um êxtase sublime,
Uma entrega afetuosa, sobranceira,
Portando a verve, da paixão primeira,
Que um tão ancho amor, sempre redime.

Crepúsculo de um querer desornado,
De indúbito valor, porém, banal,
Sem preâmbulos, ou aporte ocasional,
Fremente, no acervo do meu passado.

A relembrar efêmeras folganças,
De tempos bem saudosos de esperanças,
De afagos enganosos, vã quimera;
De romances e achegos sublimados,
De entregas, sem cautelas e cuidados,
Combalidos, pela almejada espera.

20 de outubro de 2017

FÁTUO AMOR

Quero beijá-la haurindo teus perfumes,
Colher dos lábios teus, o amor sublime,
O apaixonado ósculo que redime,
Carências, sofrimentos e queixumes,

És luz, em meu querer perseverante,
Sonhados desejos, por ilusões.
Constantes, neste viver aos turbilhoes,
Em carência, tristonha e discrepante.

Deveria expungí-la do pensamento,
Dirimir tão trágico sentimento;
Este amor, que em verdade, se acabou.
Pra que ficar absorto nas saudades,
Por certo alguém, pleno de fatuidades,
Que de mim, de per si, se obliterou.

10 de agostos de 201

DELUSO

Minha vida é um fecundo manancial,
Do querer que em meu coração palpita,
De um sonhar que o tempo não delimita,
Num reviver trêfego, em vendaval.

Razão de amor ínsito, mas finito,
Querer desditoso; um final de festa;
Desencontrada paixão bem funesta,
A redundar num viver inaudito.

Esperanças esmaecidas, quedas;
Avalanche de penúrias, tredas;
Trânsido penar, por falido amor.
Triste viver, envolto na sofrença,
A suportar estoico tua indiferença,
Refém de um querer, avassalador.

18 de agosto de 2017

DEVOÇÃO

É torturante este langor; é infesto,
E o bem querer, desta vida, me escapa,
Vivendo na solidão, à socapa,
Carpindo amor fugasse, e tão funesto.

Sentimento onírico, um vero sonho,
Motivado, talvez, por ilusões;
Sem recíproca em nossos corações,
Razão deste viver, sempre tristonho.

No ocaso deste amor, sempre infeliz,
Ignorando por que tanto te quis,
Com a vida, quase toda perdida;

Sois para mim, uma paixão funesta;
Um desordenado final de festa,
Às vezes mendaz, mas nunca esquecida.

18 de setembro de 2017

QUIMERIZANDO

Nesse recordar insano, constante
Relembrar, bem nostálgico, dorido,
Nas dolências do amor, formal, perdido,
Num tristonho abandono, bem marcante;

Aos turbilhões a tristeza me invade,
Surge aos olhos, a diva que me pune,
Nela eu vejo, as razões do meu queixume,
O espectro, de tão túrbida saudade.

Ilusões de um prazeroso momento,
Quimérico e mui amoroso enlevo,
Venturas, já levadas pelo vento,
Em transido sofrer, assaz longevo,
Enclausurado no meu pensamento,
Quero olvidá-lo, mas sequer me atrevo.

14 de julho de 2017
NA: original, de 1972, com alguns adendos na data acima.

AMOR SUTIL

São lembranças lindas e imorredouras,
Belos e augustos tempos do passado,
Reminiscências, sempre bem vindouras;
Sobejar de amores, bem deslumbrados.

Símplice, de indubitável beleza,
Deusa, materialmente cinzelada;
Obra primacial, da mãe natureza,
Por certo, dificilmente igualada.

Envaidecido, flanava extasiado.
Certamente era tudo apenas sonho,
Prenuncio de um porvir, belo e risonho,
Para meu coração, apaixonado.
Notei ao despertar, que fátua miragem,
Obliterava o dulçor da tua imagem.

outubro de 2017

PAIXÃO ESTOICA

Ao recordar de ti, o torpor me invade,
Lembranças de um passado, tredo e cruel,
De um tempo falaz, perdido, ao léu,
Sem amor, vivendo nesta saudade.

Conjecturações, assaz negativas,
Desejo langoroso e desvairado,
De sonhos, sem presente, sem passado.
De um futuro, sem quaisquer perspectivas.

Dúlcidas, mas nostálgicas quimeras,
Um amor, vivido em dolências meras;
Expectante do teu querer, sincero;
Em sendo pra você, mero capricho,
Um desprezível traste, apenas lixo,
Mas, sempre ardorosamente, eu te quero.

17 de outubro 2017

AS TESTEMUNHAS

Arrogam-se donos, de toda a verdade,
Buscam no V.T., a palavra de Deus,
Sendo por certo, simplórios sandeus,
A explorar no irmão laico, a ingenuidade.

Julgam-se cristãos, sendo intolerantes,
Muitas vezes, aguerridos e bélicos,
Jamais verazes e fieis evangélicos,
Tão só saduceus estultos, dissonantes.

Eram só ordenações e mandamentos,
Contendo indispensáveis fundamentos,
Tão somente, para o povo de Israel,

Para resgatar toda a humanidade,
Somente o Cristo, "Caminho e Verdade",
Único passaporte para o Céu.

16 de novembro de 2017

GENTÌLICO AMOR

Feliz de ti, Samaritana airosa,
Que mereceu do Cristo, tal favor;
Tendo, portanto, natural valor,
Comportando assim, loa respeitosa.

Pudeste compreender, naquele instante,
Que havia ante vós, esplendorosa luz,
O Cristo esperado, o messias Jesus;
Luz do mundo; resplendor flamejante.

Patenteava o Cristo, pendor constante,
Ser, nosso caminho; toda verdade
E a vida; que a eternal felicidade,
Seria para todos, doravante,
Que portassem amor no coração;
O passaporte para a salvação.

25 de outubro de 2017

ISRAEL

Um povo marcado pela desdita;
Apátridas, após jugo romano,
De Tito, sucessor de Vespasiano;
Numa diáspora, qual raça maldita.

Vagaram pelo mundo, execrados,
Sem direitos; vera escória social;
Por vezes, num deleite ocasional,
Eram simplesmente, sacrificados.

Após séculos, eles retornaram,
E na velha Palestina acamparam,
Fazendo de região, tão desolada,
Uma nação temida e respeitada.
Negam agora, ao povo palestino,
Direitos de bem gerir, seu destino.

outubro de 2017
NA: Os palestinos descendem dos filisteus e canaanitas,
que viviam muito antes dos hebreus chegarem. É um direito
de posse, ininterrupta, desde tempos imemoriais.

SÔFREGO SONHAR

Foram tempos, ditosos, de ternuras,
Vivia entre teus braços, o amor sublime,
O ósculo apaixonado que redime,
O amor, pleno e charmosas canduras.

Era somente, um dúlcido sonhar,
Miragem sutil, dom desta saudade,
Sôfrego relembrar, da realidade,
Que bem solerte, ocupa teu lugar,

Passaram-se anos, inexoráveis,
Portando sofrenças imensuráveis,
Mas mesmo assim, persistirei te amando;
Certo de que jamais vou te esquecer,
Sempre constante e fiel a te querer,
A te esperar, por toda a eternidade.

11 de outubro de 2017

HERCULANUM E POMPÉIA

Seres levianamente depravados,
Não só os patrícios, como a patuleia;
Há quase dois mil anos, já passados,
Conspurcaram Herculanum e Pompeia.

Com valores morais, bem defasados,
O caos, dono e senhor da cidade,
Há séculos, pagaram seus pecados,
Numa inevitável fatalidade.

Encobertos sob magmas milenares,
Remiram seus pecados e avatares,
Cúmplices da devassidão de Roma;
Foram pelo Vesúvio , bem punidos,
Em sendo, completamente destruídos,
Sidéreo castigo, tal qual Sodoma.

10 de outubro 2017

SENSORIAL

Mundano sim, talvez eu tenha sido.
Sem culpas; vítima desta paixão,
Que extravasa, deste meu coração,
Na dor premente, que tenho sofrido.

Sonhador talvez, fosse mais correto,
Definiria o que vivi em tormentos,
Dor insidiosa, travos sofrimentos,
Carente deste amor, e do teu afeto.

Não tenho em meu viver, qualquer desvio,
Busco o amor sensorial, por desfastio,
Mesmo com heteras, determinadas;

Alijadas do convívio social,
Por um ato, tão somente venial;
Deviam ser melhor consideradas.

05 de outubro de 2017

RICARDO, O CRUZADO

Ainda bem jovem, conheceste o oriente,
Extravasando a bravura latente,
Envolto em ilusões de um falso culto,
Buscastes glórias, em terras estranhas,
Julgando meritórias, tais façanhas,
Em sendo na verdade, um ato estulto.

Foste tão somente, um néscio cruzado,
Conspurcando de lama teu legado,
Na falsa fé, por crença já incoerente;
Pois Roma, na verdade, só queria,
Tirar todo o poder da monarquia
Que se perdeu, em tal ato, inconsequente.

Erros, dos tolos nobres, engodados,
Por mundanos e facciosos prelados,
A deturpar conceitos eternais.

Esta igreja, pela patuleia aceita,
Assoberbou-se, ao se julgar perfeita,
Dividindo o "maná" com as demais.

setembro 2017

FLOR DO LÁCIO

Não só Camões; outros vates do passado,
Choram também por tí, mãe latina e bela,
Que estoica, bem suportou fatal procela,
De bárbaros, infensos ao teu legado.

Dissipavas teus notáveis resplendores,
Que eram da bela flor do Lácio, emanados,
Já sem brilho, com valores derrocados;
Suportando ainda, tredos dissabores.

E nos deixou, mesmo assim, cabal herança,
Que sempre dominará nossa lembrança,
Progênie dotada de um valor viril.
Pois, se nada mais restasse, a teu favor,
Restaríamos nós, mui dignos de louvor:
-A pátria do Evangelho, nosso Brasil.

15 de setembro de 2017

TORPOR

Ao recordar, sempre fluía esta saudade,
Imensuráveis lembranças de tí,
Martirizando meu ego, com maldade,
Carente deste amor, que nem vivi.

No constante desejo de contê-la,
Haurindo benesses, tentando amá-la,
Percebi como é tristonho olvidá-la,
E angustiosa a sofrença de perdê-la.

Conservarei meus ínsitos anseios,
Na verdade, dúlcidos devaneios,
Sabendo que jamais te esquecerei,
Constante a fremir, dolentes arquejos,
Por amá-la, confessarei sem pejos,
És tu a diva por quem, sempre sonhei.

10 de setembro de 2017

ALMEJOS

Este querer constante, incontrolável,
É na verdade, bem ocasional,
Resultante de um encontro casual,
Com simpatia mútua, bem louvável.

Eras, naturalmente bem dotada,
Pelo astral, que deu-te a tí, de sobejo,
Um corpo supimpa, e um belo traquejo;
Da diva imanente, tão desejada.

Tivesse eu, a efêmera oportunidade,
Expungiria lesto, a infelicidade,
De amar, sem nunca ser também amado.

Sempre sonhando assim, calidamente,
Em razão de um tal afeto, incoerente,
Não sendo por você, sequer notado.

30 de agosto de 2017

INUSITADO AMOR

Já não vejo brilhos, em teu sorriso,
Tão só, tristonhas indefinições,
Vituperando minhas ilusões,
Pois vislumbrava em ti, o paraíso.

É apenas este torpor, que se adensa,
Em minha alma sôfrega, combalida,
Por infensa paixão, jamais vivida,
Qual corolário, desta dor imensa.

Já não me admoesta, o insípido viver,
Tampouco as dolências desde querer,
É arrimo justo, e por demais louvável;

Indúbita razão, desta sofrença,
A suportar, infesta indiferença,
Por este meu querer, imensurável.

28 de agosto de 2017

CREPÚSCULO

Para mim, eras diva onipotente.
Miragem augusta, esplendorosa,
Dominando meu ego, poderosa,
Motivando este querer, tão premente.

A almejar sempre, com ousado apego,
Desejando desfrutar, do teu espaço,
Recostado no teu dúlcido regaço,
Num relembrar tristonho e sem sossego.

Meros desejos, frustrados, contidos,
Por ternos enlevos jamais vividos;
Pesadelo de quimeras, sombrias,

Estereotipadas nestas lembranças,
Portando vãs e frugais esperanças,
De viver contigo, tais fantasias.

18 de agosto de 2017

OLAVO BILAC

Versejador emérito, purista,
Aedo profícuo, versátil, criativo,
Elaborava um verso seletivo,
Sendo na rima, um verdadeiro artista.

Um parnasiano nato, seguidor
De Baudelaire, Laconte e Gautier,
Em belos versos, a resplandecer,
Em laudas de um reputado valor

Um renomado e prolífero autor
Comprovou ter artístico pendor,
Sendo mesmo em vida, já enaltecido.
A diversificar, em rima rica,
Versos que só a beleza glorifica,
E por nós, nunca será esquecido.

18 de agosto de 2017

SEXO

Nós homens em geral fazemos sexo.
As mulheres, porém, fazem amor,
Numa intima relação, sem complexo.
Em simbiose perfeita, com louvor.

Os homens, às vezes, por leviandade,
Por motivos banais, ou ostentação,
As mulheres buscam felicidade,
Sempre portando amor, no coração.

Existem raríssimas exceções,
Em casos de fastio ou disfunções,
Sendo o amor, para ambos, vero suplício;

O homem desesperado, não suporta,
Pra mulher, contudo, bem pouco importa,
Aceitando serena, o sacrifício.

05 de agosto de 2017

LUCRÉCIA BÓRGIA

Comportando beleza e resplendor,
Marcantes, pelos vates sublimada,
Por alguns, até mesmo venerada,
Merecestes oh, Lucrécia! sem favor.

Amaste; e quem não ama com fervor?
Tendo de sobejo, fausto e poder,
Podendo tranquilamente viver,
Prazeres vários, sem qualquer pudor.

Por vitupérios do teu clã maldito,
Sofreste triste percalço, inaudito,
Tendo Rodrigo e Cesar, por deboches,
Feito de Roma um circo de fantoches,
Culpando-a, pelos erros cometidos,
Por teres poucos anos lá, vividos.

15 de julho de 2017

RODRIGO BORGIA

Devasso, com poder ilimitado,
As decisões desse papa mundano,
Julgando-se divino, ledo engano,
Deixou para a Igreja, triste legado.

Concupiscências e imoralidades,
Fez de Roma, feudo bem familiar,
Para ele e Cesar Borgia, chafurdar,
Nas mais desvairadas obscenidades.

Rodrigo Bórgia, assim denominado,
Ou Alexandre VI ,quando eleito papa,
Homem naturalmente debochado,
Um pontífice devasso, à socapa,
Fez da cúria, um bordel, mal disfarçado,
E de Roma, o anfiteatro do pecado.

15 de julho de 2017

MESSALINA

Jovem, linda; essa pobre criatura,
Envolta nos mais degradantes vícios,
Conheceu, ao fim da vida, suplícios,
Da mais cruel e deprimente tortura.

Foi vestal de Calígula, o "Botinhas",
Participando de orgias imorais,
Convivendo profanos carnavais,
Em bacanais pagãs, bem comezinhas.

Casou com Cláudio, fátuo imperador,
Redundou na orgia sem o menor pudor,
Vivendo em constante depravação;
Surpreendida foi logo eliminada,
Sem ter louvores, foi considerada,
O suprassumo da devassidão.

16 de julho de 2017

PODER TEMPORAL

O Clero foi certamente profícuo
Em anjos, santos e apaniguados,
Criou, para usufruto, um demônio iníquo,
Bem solapando, os menos avisados.

Criações esdrúxulas, já milenares,
De um deus fajuto, gerado á socapa,
Que usa de milagres e avatares,
Dos quais, o tal capeta, sempre escapa.

Mesmo assim, esse deus de fancaria,
Não está só, oras bolas! Quem diria?
Manda mesmo um certo, espírito santo,
Rebento do Concílio de Niceia;
Constantino perpetuou a panaceia,
Causando a Deus, tristeza e desencanto.

19 de julho de 2017

"MME. DU BARRY"

Viveu em época de moral escassa,
Nem mesmo, um natal simples, lhe arrebata,
Um vero padrão de pureza, inata,
Não sendo hetaira imoral, devassa.

Seria de Luiz XV, preclara amante,
Sujeitou-se aos debiques, sem temor,
Sendo para o rei rainha com louvor,
Sem contrapor-se a natural reinante.

Desprezada por muitos, desde o início,
Na Revolução; procurou o suplício,
Dando guarida, a nobreza execrada,
Expondo-se assim, perigosamente.
Condenada, mostrou-se consistente;
Tornou-se nobre, ao ser guilhotinada.

18 de julho de 2017

SUZANA

Era Suzana, íntegra e mui bela,
Esposa de Joaquim, rico senhor,
Em Babilônia, um judeu de valor,
Vitimas, porém, de imoral procela.

No belo e vasto jardim da morada,
Entre lentiscos e velhos carvalhos,
Suzana, sem tarefas ou trabalhos,
Banhava-se feliz, despreocupada.

Dois membros do Sanhedrim, a desejam;
E buscam, acintosos, o que almejam,
Tentando inutilmente seduzi-la.
Foram por Daniel, bem desmascarados,
Pagando com a vida, seus pecados.
E a impudicícia de tentar possui-la.

SENSUALIDADE

Degustando bia, casco verde, suada,
Matava o tempo, no átrio de um bordel,
Exposto ao sol, sem protetor, ao léu,
Indiferente à hora, inusitada.

Surgiu do nada, bela diva morena,
Levando-o, sem pejo, ao seu belo apê;
Conduzindo-o, assim sem mais nem por que,
Pra desfrutar tarde de amor, serena.

Encanto impar, num mimo ocasional,
Em simbiose plena, sensacional,
Nunca talvez, sequer imaginada.
Foram meses a se amar todo dia,
Todo instante em ardorosa porfia,
Em comunhão total, compartilhada.

11 de agosto de 2017

DESEJO ARDENTE

Este dúlcido amor da adolescência,
Surgiu, por certo, inesperadamente,
Num sobejar, talvez, inconsequente,
Mas ínclito, e de cândida inocência.

Revivo em lembranças esta saudade,
Pouco me importa ser assim tristonha,
Vivo na relembrança de quem sonha,
Esta triste e lúgubre realidade.

Não sei se em teu álgido coração
Persiste, como no meu, a ilusão,
Deste sentir, lato, e tão doloroso;

Resta-me, tão somente, este sonhar,
Podendo estoicamente suportar,
A indiferença deste alguém,... saudoso.

02 de outubro de 2017

CONSTÂNCIA

Tristonho, constantemente a sonhar,
Busco reviver, nestes simples versos,
Enlevos do passado, já dispersos,
Mas bem presentes, a me avassalar.

Puros e cândidos, no amor vividos,
Nas sofrenças, de um pungente querer;
Na almejada esperança de sorver,
Fraternos ardores, imerecidos.

Um nobre e dúlcido sentir fremente,
Persiste comigo, augusto e latente,
Do coração, jamais obliterado;
Recordando saudoso o amor primeiro,
Num ressumar contumaz, sobranceiro,
Por certo, plenamente apaixonado,

26 de julho de 2017

RENÚNCIA

São inesquecíveis lembranças,
Sempre bem ternas e louváveis,
Recordações imensuráveis.
Lauto compartir de bonanças.

É talvez desinteressante,
Rememorarmos de um passado,
De um fato bem pouco notado,
Ínsito, num sonhar constante.

Sei que é tristonho ressumar,
Sonhice, que não vai voltar,
Por aquele amor, já frustrado.

Seria bem melhor, te esquecer,
Que em sofrimentos reviver,
Amor jamais compartilhado.

10 de agosto de 2016

VAGO SONHAR

Alguém, por certo, disse antes de mim,
Que todo amor é tão somente, um sonho,
Por isso, devo viver sempre assim,
Sonhando constantemente, tristonho.

Para não ser, notório perdedor,
E não mais sofrer, certos desatinos,
Serei, doravante, só um sonhador,
Curtindo apenas amores supinos.

No dorido tentame pra esquecê-la,
Nos mais inúteis labores insanos,
Bem desditoso, por não merecê-la,
Carpirei os mais tristonhos desenganos,
Sem esperanças sequer, de contê-la,
Em dissabores, tredos, desumanos.

21 de março de 2017

DESENCANTO

Certas lembranças causam sofrimentos,
Portando, às vezes, doridas saudades,
Dolências marcantes, ou veleidades,
Na revivência de tristonhos momentos.

Lembramo-nos sempre o quanto sofremos,
Dando ouvidos, ao pobre coração,
Envolto por sentimentos, em vão,
Sempre culpando o amor, que não vivemos.

Amei poucas vezes, em minha vida,
Mas esta avassaladora paixão,
Fez-me perder o rumo, e sem guarida;

Sempre envolto, nesta treda ilusão,
Buscarei constante, outra qualquer saída,
Para remir, tamanha sofreguidão.

14 de julho de 2017

SUBLIME AMOR

Só, nesses anos todos, à distância,
No coração, mantendo acesa a chama,
Por querer, de notável relevância,
Estoico amor, pois sofre e não reclama.

Só me entristece tua indiferença,
Omissão certamente natural;
Só quem ama suporta tal sofrença,
Um padecer lúgubre, e tão banal.

Antegozando afagos amorosos,
Muito embora, solertes e ardilosos,
Ardores falsos, órfãos de carícias,
Indiferente a quanto irei sofrer,
Na tentativa para te esquecer,
E dos anelos, lautos de blandícias.

09 de abril de 2017

TORMENTO

Para que tanto considerar, ainda,
Sonhares vagos, confusos, tardios,
Desta paixão banal, embora infinda,
De sentimentos tristes, já vazios.

Amor desencontrado, incompatível,
Carente dos mais nobres sentimentos,
De um mero proceder, sempre falível,
Razão bem natural dos meus tormentos.

Para que recordar deste passado,
Assim, constantemente apaixonado,
Por certo alguém, distante deste amor,
Que te deixou perdido, abandonado,
Como um ninguém, jamais considerado,
Não dispensando a ti, qualquer valor.

10 de novembro de 2015

ILUDENTE AMOR

És a doce eleita, da minha vida.
Dileto amor, almejado por mim.
Indúbita paixão, nunca esquecida;
Um desejo, que jamais terá fim.

São sentimentos puros, inocentes,
Surgiram, no albor desta existência,
Sendo você, a diva sempre querida,
Razão dos meus amores, imanentes.

Esta ilusão, mirífica, perdida,
Talvez, demasiadamente sentida,
Será meu sonho, por longo tempo, ainda.

Expectante deste amor, envolvente,
Neste querer, bem constante, latente,
Causa crucial, desta saudade infinda.

24 de agosto de 2014

PRANTEADO AMOR

Eu não choro por tristezas,
Mas libero este meu pranto,
Quando recordo as belezas,
De um certo alguém que amei tanto.

Relembrarei, com certeza,
Deste amor, sequer vivido,
Não me causando surpresa,
Tê-lo jamais esquecido.

Certamente irei sofrer,
Tentando em vão, te esquecer,
Mas, com o passar dos anos,
Serão somente lembranças,
De sonho sem esperanças,
Dos mais tristonhos enganos.

15 de setembro de 2014

INDÚBITA AFEIÇÃO

Vivendo só, na sôfrega carência,
Deste amor que constante me alucina,
Indúbita afeição que me fascina,
Eu sofro estoico, pertinaz dolência.

Já não suporto este viver tão triste,
O meu passado estulto me condena,
Um contrito recordar, me envenena,
Num marcante ressentir, que persiste.

Necessito recompor minha vida,
Tentando torná-la menos sofrida,
Buscando fugir da mediocridade,

Deixando de sonhar com vã quimera,
Condões fugazes que a vida oblitera,
Partilhando tão só, felicidade.

06 de fevereiro de 2016

ILUSÕES

Deve ter sido, ilusória miragem,
Cativo, sequer ousei duvidar,
Confesso já não ter sequer coragem,
Nem mesmo ânimo, para contestar.

Uma enganadora felicidade,
Notável fantasia, que sempre amei,
Pensando ser um amor de verdade,
Equivocadamente me entreguei.

Hoje, errante, talvez desarvorado,
Tristonhamente, procuro esquecer,
Revisando cenas do meu passado,
Tentando tão somente, compreender,
Percebendo assim, quando estava errado,
Por inconteste amor, te conceder.

janeiro de 2016

INÉPCIA

Foi num crescendo, paulatinamente,
Dominando meu pobre coração,
E eu, bem cego, desastradamente,
Inerme, tentei resistir, em vão.

Era um querer firme, determinado,
Puro, substancialmente encantador,
Jamais sequer, por alguém imaginado,
Constante, ardiloso e bem promissor,

Intenso desejar, puro inocente,
De um pobre sofredor, sempre carente,
Que por certo, nunca partilhou amor,
Mas que, já bem tristonho, pressentia,
Que pouco a pouco desaparecia,
O desejado sonho, enganador.

janeiro de 2016

VOCÊ

Amor de toda uma vida,
Eternamente adorada,
Paixão jamais esquecida,
Sempre por mim relembrada.

Desejo assaz verdadeiro
Querido, constante em mim,
Botão de rosa primeiro,
Que floriu no meu jardim.

Doce sentir bem latente,
Sonhado frequentemente,
Sincero e mui desejado
Presente a todo o momento,
Sobejo em meu pensamento,
Jamais será olvidado.

1990

INTENSO AMOR

És, a musa eleita, de minha vida,
Ínsito amor, almejado por mim,
Estrema paixão, nunca esquecida,
Um desejar, que jamais terá fim.

O tempo se passou, mas pressinto ainda,
Momentos ditosos, nunca olvidados,
Sorvendo a nostalgia, imensa, infinda,
Dos ternos anseios, nunca realizados.

Esta ilusão, malograda, perdida,
Talvez, demasiadamente sofrida,
Será meu sonho, por longo tempo ainda.

Suplicio de um amor imanente,
De um triste querer, conspícuo, latente,
Causa crucial, desta saudade infinda.

DOLÊNCIAS

A ressumar, constantes veleidades,
De um imensurável e terno amor,
Tristonho penar, dolentes saudades,
Serei na vida, sempre um sonhador.

Em momentos tristonhos, deprimentes,
Rememoro, às vezes, decepcionado,
Momentos trágicos e inconsequentes,
Que fazem sempre, de mim, um coitado.

Resta pouco, pro termo desta vida,
Desta ilusão nostálgica, já perdida,
Magoando constante, meu coração.

Na languidez, de um torpor doloroso,
Eu sofrerei penar, bem desastroso,
Tentando delir, tal sofreguidão.

15 de janeiro de 2015

TORMENTOSA ILUSÃO

Ao relembrar meu passado distante,
Bem saudoso nostálgico e dorido,
Quimérico viver nunca esquecido
Trágico desprezo, dilacerante.

Aos turbilhões, a nostalgia me invade,
Medra aos olhos, a diva que me pune,
Vejo nela, as causas de tal queixume,
O espectro de tão túrbida saudade.

Amorosas ilusões de um tormento,
Nos desejos de um prazeroso enlevo,
De um infausto penar assaz longevo,
Sonhos ternos, levados pelo vento
Eternizado neste sofrimento
Olvidá-los, porém, sequer me atrevo.

23 de novembro de 2015

TRISTEZA

Só, nesses anos todos, à distância,
No coração mantendo acessa a chama,
Por sentimentos surgidos na infância,
Amor estoico, que sofre e não reclama.

Não me entristece tanta indiferença,
É tua ausência, por certo é natural,
Quem sabe amar suporta esta sofrença,
Tornando este padecer, bem banal.

No desejar de afagos amorosos,
Sempre ausentes, distantes, lacrimosos,
Almejos falazes, órfãos de carícias,
Indiferente a tudo irei vivendo,
Não importando o quanto irei sofrendo,
Sem teus carinhos e meigas blandícias.

04 de março de 2017

SUBLIMAÇÃO

No longevo viver, belo e distante,
Minha doce infância, pura e tão calma,
Quiméricos sonhos, de amor galante,
Nos tristes revérberos da minha alma.

Vivência plena de ilusões saudosas,
Que o tempo foi sorvendo, inexorável,
Deixando pra mim carências dolosas,
De um sublime amor, inquestionável.

Felizes daqueles, que em tal momento,
Conseguem refutar com pleno ardor,
Expungindo firmes, do pensamento,
Os instantes da malfadada dor,
Convencidos de que, um bom sentimento,
Sublimará triste e trágico amor.

10 de março de 2015

SUBLIME AMOR

Doce ilusão sublimada na infância
A primazia do meu amor liberto,
Perfumada flor de sutil fragrância,
Um tudo para mim estou bem certo.

Terna razão, de um belo amor desperto,
No alvorecer do meu viver terreno,
Veraz paixão de um coração aberto,
Para um porvir bem puro e mui sereno.

Sei que jamais partilharei tal sonho,
Num relacionamento, assaz risonho,
Pleno da ardorosa felicidade;
Resta-me tão somente te esquecer,
Ousando, entretanto, permanecer,
Sempre te amando, pela eternidade.

15 de março de 2015

HIPOCRISIA

Como é dulcifica nossa inocência,
No infrene despertar da puberdade,
Quando vivemos contida abstinência,
Cândidos e inocentes, de verdade.

Tão logo chegados à juventude,
Com ampla e notável transformação,
Buscamos conviver em plenitude,
Exaltando o amor, no coração.

A vida se transmuta plenamente,
Queremos desfrutar das liberdades,
Convivendo com reais facilidades,
Envolvendo-nos assim, simplesmente,
Ao considerar ser banalidades,
Um amor, prenhe de felicidades.

10 de março de 2015

SOFRENTE

Não existem mais razões prá sofrer,
Neste banal viver sem esperanças,
Ensimesmado assim, neste querer.
A redundar constante, lembranças.

Desejaria olvidar tanta saudade,
Eliminando mágoas e tormentos,
Mas meu destino, acerbo, por maldade,
Teima mantê-los em meus pensamentos.

É por certo, difícil te esquecer,
Permanecendo fiel a te querer,
Ressentido com tanta indiferença;
Resta-me reconhecer que os meus sonhos,
Embora a ressumar finais tristonhos,
Expungem o amargor desta sofrença.

30 de abril de 2015

VÍVIDO AMOR

Se mil mulheres tivera
De tantas que conheci,
Nenhuma é certo eu quisera,
Tanto quanto quis a tí.

Um dia, talvez, eu esqueça.
Paixão assim tão sentida,
E por castigo mereça
Bem mais te amar noutra vida.

Pois nosso destino incita,
Que um belo sonho aconteça,
Você de novo apareça,
E um calmo viver permita,
Num conviver bem fraterno
Que nosso amor seja eterno.

18 de março de 2014

OBSTINAÇÃO

Sempre que aos velhos tempos retornava,
Revia saudoso nas minhas lembranças,
O passado que eu tanto desejava,
Sabendo-o já perdido, nas andanças.

Eram devaneios puros, inocentes,
De um probo viver, em felicidade.
Belos sonhos, muito embora, carentes,
Do amor, sempre vívido, na saudade.

Já não lastimo a dor desta querença,
Devo superá-la, sem mais sofrença,
Embora contrito, deste meu sonhar.
Desejo tão somente meu resgate,
Liberto da carência, que me abate,
Podendo finalmente te olvidar.

23 de junho de 2015

RETORNO

Nas jornadas da vida, inesquecíveis,
Há um terno momento, nunca olvidado,
Deste amor saudoso, do meu passado,
Que deixou marcas notáveis, sensíveis.

Doces fragrâncias, vigem consequentes,
Olorizando meu amado jardim,
De belas flores de aroma, sem fim,
Validando ternuras bem prementes.

Hoje, bem sensibilizadamente,
Lembrando certos momentos vividos,
A recordar ardores, mui sentidos,
Da alma-gêmea que partiu, num repente,
Para seguir no astral, vida serena,
Convivendo em felicidade plena.

10 de novembro de 2015

ANSEIOS D`ALMA

Desejava realmente te esquecer,
Poderia naturalmente olvidar,
Eliminar este falaz querer,
Que busca obviamente, me avassalar.

Um terno e incontestável sentimento,
Paixão de um ardor intenso e total,
Razão principal de um triste tormento,
Sempre cativo, deste amor formal.

Qualquer dia certamente esquecerei,
Tais anelos, parcos de esperanças,
E mesmo assim, feliz relembrarei,
Dos belos sonhos, dos tempos de crianças:
Por certo, ao recordar, reviverei,
Anseios saudosos vivos nas lembranças.

10 de novembro de 2014

DESEJAR ONÍRICO

Que importa, se nesta vida te amava.
Se vivia só, cativo deste amor,
Em transido sofrer, e imensa dor,
Revérberos dos sonhos que sonhava.

Maldigo o dia que te vi faceira
Porém, exalto a fada, assaz bondosa,
Que deu-te a tí, beleza esplendorosa,
E esta maravilhosa tez trigueira.

Sabendo, que jamais te esquecerei,
Sempre, a te amar constante, viverei,
Não tendo talvez, nem sequer virtude,
É um desejar, por certo, inusitado,
Um galardão pra mim, apaixonado,
A realizar, sonhos da juventude.

EMPÍRICO VIVER

Natural e cármica, inconsistência,
De quem da vida, pouco amealhou,
Que, por certo, nem tanto assim errou,
Num processo lato de decadência.

Intimorato, segui o bom conselho,
Encarando a luta com galhardia;
Inocentemente, eu sequer sabia,
Que o tempo me daria, cartão vermelho,

Hoje, antevendo o derradeiro instante,
Deste existir, em sofrença constante,
Vivência nula, plena de incertezas.
Lastimo o tempo inditoso perdido,
Com meu sonho de amor, jamais vivido,
Pleno de sofrenças e de tristezas.

31 de dezembro de 2017

DEDICADO AFETO

De você, tenho as mais doces lembranças,
Num recordar intenso, bem constante,
De um lato ardor transcendental, vibrante,
Rejubilando ternas esperanças.

Numa conduta ancha e esplendorosa,
Embora jovem, sem focar maldades,
Buscava sobejar felicidades,
Definindo assim, paixão primorosa.

Hoje, distanciado da realidade,
Convivendo a mais sôfrega saudade,
Tristonho, sempre a sofrer solitário;
Certamente, mesmo assim fui feliz.
Distanciado do ser, que eu tanto quis,
Cativo, de um tão dúlcido calvário.

23 de dezembro de 2017

PERSEVERANÇA

Intimorato, buscava afervorado,
Um dúlcido entrosamento contigo,
A desfrutar, do teu carnal abrigo.
Corpo ínclito, pelo astral modelado.

Navegaria sereno mar de rosas,
Dispensando eufêmicas relevâncias,
Sem estas deploráveis discrepâncias,
De tredas folganças libidinosas.

Sem ostentar qualquer impertinência,
Chalaças ou frívolas minudências,
Revogo resoluto meu passado,

Um viver, que só me trouxe tristezas,
Sobejando, à socapa, incertezas,
Portando imenso amor, sem ser amado.

19 de dezembro de 2007

DESENGANO

Não tenhas por mim, certos rancores,
Não me culpe, por ser apaixonado,
Que tanto sonhou por ti, no passado,
Almejando compartir teus favores.

Tive contra mim, mentes deturpadas,
Que com intrigas, e atos deploráveis,
Provocaram dolos, abomináveis,
Compartindo, atitudes conspurcadas.

Meu pequeno mundo desmoronou,
O meu sonho ditoso, se acabou;
Buscava apenas, reciprocidade.
Foi pra mim, um desumano sofrer,
Tentando inutilmente te esquecer,
Para alijar do peito, esta saudade.

18 de dezembro de 2017

REMÊMOROS

Sofro com minhas saudosas lembranças,
Desejos, já há tempos, obliterados,
Todas prenhes, de ternas esperanças,
Por amores, sequer compartilhados.

Percebendo, que nada me acontece,
Nem sequer, os mais simplórios arcanos,
Este ardor combalido, então fenece,
Apenas me restando, desenganos.

Há, porém, um sonho que me persegue,
Deixando-me desolado e tristonho,
Ousado, e perseverante consegue,
Plenamente recordar-te, eu suponho,
Pois se consigo olvidar-te, se atreve,
A recriar, maldoso, este mesmo sonho.

05 de outubro de 2014

RELEVÂNCIA

De tudo quanto existia,
Nesse doce amor de outrora,
Sem você, tudo partia,
Quase nada resta agora.

No meu consciente, saudades,
No âmago, um coração triste,
Sorvendo amargas verdades,
Do amor, que estoico persiste.

Se recordar é viver,
Lembrarei, mesmo a sofrer,
Sentidas desilusões;
Tentarei viver sorrindo,
Certamente me iludindo,
Vivendo recordações.

Em uma tarde/crepúsculo
11 de novembro de 1952

PERTINÁCIA

Sempre te amando assim, mui ternamente,
Esperançoso de reencontrar-te ainda,
Extravasando esta querença infinda,
Que me avassala, assaz constantemente.

Um sentimento pertinaz, latente,
Querer sofrido, mas perseverante,
Que sempre me deslumbra, a todo instante,
Embora conspícuo, fugaz e ausente.

Ardor sublimado, galante, infindo,
Revérberos de um lauto amor, tão lindo,
Alentando quimeras do passado,
Opressor, mas desejado tormento,
Sempre constante no meu pensamento,
Desejo vão, de um pobre apaixonado.

10 de dezembro de 2017

INFORTUNIO

Não um simples, e feliz sortilégio,
Mas um desejado porto seguro,
Tendo a comunhão do amor bem puro
Sendo contigo, um ancho privilégio.

Algo assim, certamente imerecido,
Apenas miríficos devaneios,
Que ouso imaginar, em crebos anseios,
Em razão deste amor, sequer vivido.

Dulcificas emoções, me convencem,
Tão só por mim sentidas, me pertencem.
Devo, porém, certamente esquecê-las,
Assim como desse sonhado amor,
Que faz de mim, estoico sofredor,
Por almejar, contigo convivê-las.

11 de dezembro de 2017

TORMENTO

Torpor d'alma, insuportável e triste,
Obnubilando nobres sentimentos,
Razão maior, de todos meus tormentos,
Motivando esta paixão, que persiste.
Suportando estoico, intimorato,
Sem questionar, motivos ou razões,
Tampouco causas, das sofreguidões,
Ousando ser bem feliz, ipso facto.

31 de dezembro de 2017

ESTOICISMO

É este amor, um vendaval de paixões,
Simbiose de afetos, bem puros, vários
Tormentos, quase sempre arbitrários,
Obnubilando nossos corações.
Indiferente a tudo, irei vivendo,
Cônscio deste torpor, irei sofrendo,
Intensas tribulações, deste meu ego
Sempre sublimando este meu querer,
Mesmo suportando, um triste viver,
Ousando amar a cruz, que eu carrego.

30 de dezembro de 2017

AMARGURA

Angustia tristonha e desesperada,
Marcada, por sentimentos dolentes,
Assoberbada por dúvidas prementes,
Remêmoros de paixão execrada;
Guardada, e bem constante na memória,
Um triste manancial de sofrimentos,
Retardos, a sobejar nos pensamentos,
Anulando os sonhos, de minha história.

31 de dezembro de 2017

TREDO SONHAR

Se souberes quanto te amei na vida,
Embora sendo ambos, compromissados,
Compreenderias tamanha dor sentida,
Sofrida causa dos meus tristes fados.

Talvez assim, contristada de mim,
Entendesses as razões desta dor,
O porquê, de tanto sofrer assim,
Cativo deste tão sincero amor.

Um dia qualquer, provavelmente tarde,
Possamos remir amor tão sofrido,
E a teu lado, feliz e enternecido,
Eu apague esta chama, que teimosa arde;
Sobejando a vida, pra mais te amar,
Em constante ventura, a te adorar.

17 de julho de 2014

SOMENTE AMOR

Sempre assim, a sofrer por este amor,
Melhor seria jamais tê-lo sentido,
Que conviver, imensurável dor,
Por iluso amor, jamais compartido.

Um vero desejo, sequer notado,
Onírica paixão, leda e sincera,
Constante na solidão, deslocado,
Enleado numa túmida quimera.

Quem sabe um dia, solícita apareças,
E muito me amando, jamais me esqueças,
Tornando-me assim o mais feliz mortal.

E numa recíproca verdadeira,
Viveremos simbiose alvissareira,
Em feliz afinidade, total.

28 de agosto de 2017

PRETÉRITA PAIXÃO

Foram tempos, de sonhadas venturas,
Entre teus braços, vivia amor sublime,
O ósculo apaixonado que redime,
Em oblações de afagos e canduras.

Seria somente, um dúlcido sonhar,
Sutil miragem, ou ancha fantasia,
A suportar a sofrente agonia,
Que bem soleste, ocupa teu lugar.

Anos se passaram inexoráveis,
Portando sofrenças, imensuráveis,
Vivendo nesta perenal saudade;
Cônscio, de que jamais vou te esquecer,
Constante apaixonado, a te querer,
Fido a te esperar, pela eternidade.

11 de outubro de 2017

SOSSEGO

Enterrem meu coração,
Na curva daquele rio,
Quero ficar nesse chão,
Tão sobranceiro e macio.

Desfrutar da doce calma
Comungando a natureza,
Buscar reter em minh`alma,
Tanta paz, tanta beleza.

O murmurar da cascata,
Difuso por entre a mata,
Em doce sonoridade,
Embalará meu sossego,
Aumentando assim meu apego,
Com total felicidade.

10 de outubro de 1981

FUGAZ E ETERNAL

Indispensável pra mim, nesta vida,
Amor puro, sincero, inquestionável.
Um sentimento eternal, infindável,
Paixão fugaz, mas jamais esquecida.

Passaram-se anos; eu recordo ainda,
Dos teus favores, tão só imaginados;
De um lindo amor, desta carência infinda,
Sequer vividos ou compartilhados.

Carinhos e abraços, não correspondidos,
Desejos ternos, desapercebidos;
Evocá-los, é o mantra do meu sonho;

Por certo um desejar imerecido;
Seria bem melhor, deixa-lo esquecido,
Tendo um amor ancho, e por demais tristonho.

24 de outubro de 2014

DEVANEIOS

Seguimos novos caminhos,
Vagando em ternas lembranças,
Entre afagos e carinhos,
Sonhos plenos de esperanças.

Poder voltar ao passado,
Fá-lo-ia com toda certeza,
Só pra viver ao teu lado,
Amando-te sem tristeza.

Nossa história, revivida,
Neste amor, sempre sonhado,
Minha paixão preferida,
É apego que tem passado,
Jamais ficará esquecida,
Mesmo sem você, ao meu lado.

1996

REENCONTRO DE ALMAS

Surgiste em minha vida num repente,
Num fim de tarde, bem calma, trivial,
E eu, meio arredio, surpreendentemente,
Bem aceitei aquele encontro informal...

Não existiam segundas intenções,
Era um papear simples, convencional,
Nada sério, apenas conversações,
Numa recíproca, bem natural.

Houve um segundo, e a seguir um terceiro
E num crescendo, assim, rapidamente;
Foram-se meses, logo um ano inteiro;
De pronto aceitei teu jeito amoroso,
E fui assim conquistado plenamente,
Por teu trato sincero e tão charmoso.

26 de fevereiro de 2014

INDIFERENÇA

Jamais compartilhaste deste amor
Magoando um coração apaixonado,
Que sofre, destarte, tamanha dor,
Sempre a te amar, mas nunca sendo amado.

Seria talvez melhor, tê-la esquecido,
Que ser por certo, assim, sequer notado,
Este viver teria um outro sentido,
Sendo eu feliz e bem apaixonado.

O tempo para mim, já terminou,
Não adianta sequer te procurar,
Por certo não desejo te encontrar,
Resta-me, da ilusão que se acabou,
O martírio desta querença infinda,
E este teimoso amor, que não morreu ainda.

16 de outubro de 2014

PENARES

Já não vislumbro amor, em teus olhares,
Um sonho que perdeu todo o sentido,
Restando, tão somente, meus penares,
Doloroso querer, jamais vivido.

É bem triste almejar felicidades,
Contigo, desejando estar, constante,
Ressumando tão somente, saudades,
Julgando ser feliz, a todo instante.

Não mais me causa prantos tal sofrer,
Só desejo compartir teu querer,
Ressarcindo um tão túrbido passado.
Resta-me porem, este existir tristonho,
E as mais lindas quimeras, do meu sonho,
De um pobre coração apaixonado.

15 de novembro de 2014

SUTILEZA

Sempre recordarei; estavas tão linda,
Aquela beleza transcendental,
Naquele instante, uma paixão infinda,
Arrebatou-me de forma total.

Jamais saberei o que senti na hora,
Foi, por certo, amor à primeira vista,
E num repente, sem qualquer demora,
Aventurei-me na doce conquista.

Havia, porém um triste impedimento,
Eternal razão do meu sofrimento;
Alguém, despeitado, nos separou,
E na sofrença de um tredo castigo,
Nem sequer cheguei a conversar contigo,
E de tí, só saudades me restou.

30 de setembro de 2014

IMAGINAÇÃO

Por que pensar assim neste passado
Lembrares tristonhos, porém marcantes,
Um amor conflitante, dois amantes,
Em um sentir falaz, desencontrado.

São lembranças de um pobre sonhador
Preso a passado triste, intempestivo,
Sempre imaginando, que um outro amor,
Sonha por você, constante e cativo.

É tristonha, tão dura realidade,
Ressumbrando sonhos do meu passado,
Insuportável sofrer, na verdade,
Por ter o coração aprisionado,
Penando talvez, pela eternidade,
Doando amor, sempre a viver desprezado.

28 de novembro de 2014

INCONSTÂNCIA

Conheci belas mulheres na vida
Porém poucas vezes me apaixonei,
Se houve alguma, é certo, foi esquecida,
De outras tantas sequer recordarei.

Pra ser sincero, falar a verdade,
Apenas uma vez me apaixonei,
E ao relembrar, sempre bate a saudade,
Pois deste alguém, jamais esquecerei.

Desejo, porém, não mais encontra-la,
Bem melhor será por certo olvidá-la,
O tempo passou, nada mais nos resta;
Prefiro, é natural, jamais lembrar,
Que sempre, assim tristonho, recordar,
Relação que pra mim, foi tão funesta.

05 de novembro de 2014

DESASTRADO AMOR

Efêmeras lembranças do passado,
Dolências tristes, de um amor, saudoso,
Por certo, bem conspícuo e caloroso,
Sentimento fremente, inusitado.

A vida me reservou a nulidade,
Anulando este amor que tanto quis,
Tornando-me, totalmente infeliz,
Intervindo em minha privacidade.

Irei colhendo os frutos, do meu mundo,
Vivendo, constante meditabundo,
Num remanejar distinto, e escorreito;
Tentando ser feliz, a todo instante,
Dispensando a ti, meu amor mais galante,
Captado nas entranhas do meu peito.

01 de janeiro de 2018

REMISSÂO

Como era belo, nosso mundo infante,
Embora por vezes, também tristonho,
Criando inverdades, ou mutando sonhos,
Constante a inebriar, nosso ser galante.

Vida de comprovada relevância,
Abalando entranhas do coração,
Tomado de inusitada aflição,
Razão de indubitável discrepância.

Hoje, naturalmente conformado,
Relembrando certo dia, do passado,
Incontestavelmente, bem saudoso,
Percebo, em minha retina cansada,
Bela e perfeitamente delineada,
Tú, deleite do meu ego amoroso.

01 de janeiro de 2018

DITOSO QUERER

Sequer evoco teu ser envolvente,
Visão constante, no meu pensamento,
Causa primordial, deste sentimento,
Razão crucial, desta paixão carente.

Dinâmico querer, involuntário,
Ardor intenso, desejar insano,
Amor estranhamente desumano,
Dominando um querer imaginário.

Amálgama intenso de paixões,
Sentimento dúbio, de corações,
Involuntariamente, apaixonados.
Intempestivo esbulho passional
De uma estranha relação, anormal,
Entre amantes falsos, indeterminados.

01 de janeiro de 2018

TERNO ENLEVO

Alma gêmea que tanto amei um dia,
E que certamente, também me amava,
Se a reencontrasse, eu de novo teria,
O doce amor, que tanto desejava.

Um sonhar nostálgico, vã quimera,
Recordações de um tempo já finito,
Atormentado por sofrer contrito,
Que meu desejar jamais oblitera.

Amor intruso e falaz; na verdade.
Sobejo, e de costumaz fatuidade,
Num proceder frugal, banalizado.
Devo sufocar um tão terno enlevo,
Talvez esquecê-lo, mas não me atrevo;
É um constante querer, nunca olvidado.

12 de outubro de 2017

MONA LISA

Com esse teu enigmático sorriso,
Encantastes seguidas gerações,
Adentrando ardorosos corações,
Que pressupunham alçar-se ao paraíso.

Mui feliz Giocondo, que colheu o fruto,
Da mona de serena anatomia,
Mais feliz Da Vince, que todo dia,
Bem desfrutava teu ser, absoluto.

Não fosse ele, um artista renomado,
Notável, pelos deuses bafejado,
Desconheceríamos nós tal beldade;
Temos também, a valorizá-lo, ainda,
Várias obras, de perfeição infinda,
Da mais renomada genialidade.

01 de dezembro de 2018

LÂNGUIDO SONHAR

Às vezes me pergunto, pesaroso;
Por que me foi a vida, sempre infesta,
Triste e desgraçadamente funesta,
Num lacerante sofrer, ominoso.

Confesso, com total sinceridade,
Que por ti, almejava, perseverante,
Fascinavas meu ego, a todo instante,
Qual sutil e mirífica deidade.

Não choro por teu ser, tão desejado,
Imanente e conspícuo, em meu passado;
Deploro tão somente esta saudade.
O pranto estoico, que às vezes derramo,
São afagos deste alguém, que tanto amo,
E sempre amarei, pela eternidade.

05 de dezembro de 2017

SÔFREGA DESILUÇÃO

Bem resolvido, firme e intimorato,
Confiante e audaz, abrindo meus espaços,
Interagindo sem estardalhaços,
Muito embora, um solitário; ipso facto.

Certamente, trágico e bem tristonho,
O pronto despertar, pra realidade,
Conhecer sobejamente a verdade,
Percalços de um tão desastroso sonho.

Foi por certo, incrível e fatal desdita,
Tanto sofrer, por paixão inaudita,
Sempre a solapar, meu terno alter ego.
Firme nas lembranças; nunca esquecida,
Muito embora por mim, jamais vivida,
Sofrida cruz, que infeliz, eu carrego.

10 de dezembro de 2017

ANGUSTIOSO AMOR

Quem chora por amor, chora silente,
Relembrando, num anelar constante,
Saudoso desse ser, tão deslumbrante,
Sempre, diuturnamente, relembrado.

Nesta história, fui ínsito personagem,
Com pretensões simples porem marcantes,
De valores probos, bem relevantes,
Levando a vida, sempre em desvantagem.

Em sonhos encantadores de crianças,
Revivia amiúde, em dúlcidas lembranças,
O preclaro amor, por mim desejado;
Rememorando-o sempre enternecido
Embora sabendo tê-lo perdido,
Nos dédalos, de um querer sem passado.

09 de janeiro de 2018

RESIGNAÇÃO

Aparentemente, apenas um sonho;
Num relembrar bem saudoso e marcante,
Reiterando um querer apaixonante,
Ardente, inquebrantável, mas tristonho.

Em dolente nostalgia, constante,
Num redundar premente e inusitado,
Em mim, naturalmente demonstrado,
Num bem querer imenso e jubilante;

Ocupas sobranceira, meu sonhar,
Que em devaneios, conjuga o verbo amar,
Contigo presente no imaginário.
Espargindo dolentes sentimentos
Causa indúbita de tantos tormentos,
Comprovada razão do meu calvário.

10 de janeiro de 2018

ENLEVOS D'ALMA

Dentre as beldades, que um dia eu conheci,
Eras verdadeiramente notável,
Sequela deste amor, indubitável,
Quimérico sonho, que não vivi.

Mirífica razão dos meus desejos,
Dealbar de uma paixão, jamais vivida,
Por nenhum outro, sequer conhecida,
De amores airosos, sempre sobejos.

Sofro os revérberos desta saudade,
Sempre presentes, desde a mocidade,
Numa desilusão bem lastimável;
Cônscio, de que meu tempo terminou,
Mas daquele sonho, algo me restou;
Um bem querer constante, imensurável.

11 de janeiro de 2018

SE

Não me consta, jamais tê-la ofendido.
Este amor que a ti dedico é coerente,
É puro, nesta comunhão latente,
De um ardor ancho, sequer compartido.

Que me importa se um outro, mais feliz,
Vive contigo dispondo sobejo,
Dos teus carinhos, que eu tanto desejo,
A partilhar o amor, que eu sempre quis.

Outras vidas teremos, obviamente,
Numa simbiose conspícua, e latente,
Podendo saber, a vera razão,
Dessa intensiva paixão, malograda;
Se tú estavas também apaixonada;
Se haviam ardores, em teu coração.

12 de janeiro de 2018

MADRE TEREZA

As mãos que ajudam, são (bem) mais sagradas,
Do que os lábios que (tão somente) rezam;
E bem displicentemente, desprezam,
Sacrossanta, e tão perenal nomeada.

Diz Madre Tereza de Calcutá,
Em sua fé, beneficente, e marcante,
Combatendo a indigência degradante,
De Bangladesh, um caravançará.

Reconhecida pela humanidade,
Por atos de afetiva caridade,
Foi mundialmente, bem considerada;
Sempre prestimosa, em atos cristãos,
Vendo em todos nós, lídimos irmãos,
Ganhando nos céus, empírea morada.

15 de janeiro de 2018

ASCENDER

Revérberos de um belo renascer.
O Sol, despontando na madrugada,
Reflete-se na orbe serenada,
Prelibando efetivo amanhecer.

A vida, anunciando-se plenamente,
Em instâncias perfeitas, naturais,
Com simbiose mútua, transcendentais,
Efetivando existir ascendente.

As intensivas vibrações latentes,
Em mutações perfeitas, consequentes,
Por força interferente universal;
Dão ao nosso existir, continuidade,
E a indispensável versatilidade,
No constante evoluir, espiritual.

21 de janeiro de 2018

EVOLUÇÃO

O desespero bate a nossa porta,
Em turbilhões, o mundo desmorona.
Como uma bomba nuclear que detona,
E faz do mesmo, natureza morta.

No vendaval da vida, intempestivo,
O infortúnio nos chegará, imperfeito;
E nosso ego, por certo, contrafeito,
Viverá sôfrego, sem lenitivo.

Pouco se me dá, se tudo acabar,
Se a terra, em nada se transformar.
Sei que em outro mundo, vou renascer;
Comportando vida transcendental,
Talvez em corpo, semimaterial,
Num notável, e constante ascender.

23 de janeiro de 2018

CANDURA

O doce ser que sempre amei na vida,
A quem mui naturalmente adorava
O belo ser, que eu tanto desejava,
Era tão só, sonhice enternecida.

Dulcifico amor, ardente, irrestrito,
Almejada paixão, sempre sincera,
Um querer nostálgico, vã quimera,
A recordar um tempo, já finito.

Devo esquecê-la, pra melhor viver,
Independente, do imenso querer
Que o passar dos anos, mais acentuou.
Pouco importa se viverei sozinho,
Jamais desfrutando, do teu carinho,
Feliz serei, com o que me restou.

23 de janeiro de 2018

NO ASTRAL

Vida a se findar; acabam-se os anos.
Levando de roldão, as incertezas,
Bem como, alguns momentos de tristezas,
Carpidos em sofridos desenganos.

Pouco me importa erros cometidos,
Em verdade, chamados de pecado,
Tão somente, parte do aprendizado,
Por condões bem notáveis, adquiridos.

Em novas vivências, neste planeta
Expungirei sequelas da vendeta,
Portando dúlcidas aspirações,
Norteando, tão somente a verdade,
A conviver, total felicidade,
Sem as mazelas, das sofreguidões.

24 de janeiro de 2018

A IMENSIDÃO DO NADA

Um ardor intenso, incomensurável,
Sufocado em tristonha nostalgia,
Bem demonstrando, quanto eu te queria,
Um ínclito querer, inolvidável.

Na verdade, apenas triste ilusão,
Subsequente a um amor, não partilhado,
Vero, mas somente por mim sonhado;
Sem recíprocas em teu coração,

Amei sempre só, e sou feliz assim,
Dúlcido enlevo, que pertence a mim;
Flanando em sonhos, sem sofreguidões;
Desesperadamente te querendo,
Embora, conscientemente sabendo,
Que só me restaram, desilusões.

04 de fevereiro de 2018

FAJUTO AMOR

Sei que devo coibir meus sentimentos,
Muito embora puros e imarcescíveis,
Sendo para mim sempre inesquecíveis,
Sinceros, mas plenos de sofrimentos.

Serão sempre os motivos deste ardor,
Afetivo, virtuoso e bem marcante,
Harmonioso, conspícuo e jubilante,
Em razão de um sincero e puro amor.

És tão somente, furtiva quimera,
Que o passar do tempo sempre oblitera
Tornando essa paixão, um sonho fugaz.
Em sendo assim, serás bem deletada,
Sempre tristonhamente relembrada
Por este amor, tão fajuto e mendaz.

07 de fevereiro de 2018

ETERNAMENTE

Por que exprobar percalços desta vida,
Foram naturalmente merecidos,
Sendo, lastimosamente carpidos,
Carentes do teu amor, sem ter guarida.

Paixão adocicada, desde a infância,
Deslumbrante, ardorosa e bem coerente;
De um extremoso ardor bem consistente,
Vivida sofridamente à distância.

Confesso mesmo assim, ser bem feliz
Sonhando por alguém, que tanto quis;
Vero ardor de um afeto imarcescível.
O destino, porém nos separou,
Mas, infelizmente ainda me restou,
Saudades deste amor, inextinguível.

11 de fevereiro de 2018

DULCÍFICA INOCÊNCIA

Rememoro às vezes bem saudoso,
Dulcifico vivenciar, natural,
Passados tempos na terra natal,
Ousando ser feliz e venturoso.

Relembrando doridas decepções
Sendo embora, sempre alegre e ditoso,
Desfrutando de um trato bem charmoso,
Sem os percalços das sofreguidões.

Passei a vida, em tristonha nostalgia;
Contrapondo-se, ao viver que eu queria,
Expungindo meus desejos de criança,
Por sabê-los, quimeras já delidas,
Razão das afinidades perdidas,
Embora sempre firmes na lembrança.

18 de fevereiro de 2018

REMINECÊNCIAS

Deixe o amor, no recesso das lembranças,
Procure esquecê-lo, e em sendo possível,
Evite esse querer tredo e sofrível,
Buscando achego, em ternas bonanças.

Não tem valor, querença dividida.
É mutual na relação verdadeira;
Recíproca, bem real, sobranceira;
Simbiose conspícua, nunca esquecida;

Razão do tão sonhado amor primeiro.
Mesmo virtual, é ínsito, verdadeiro.
Presente nos arcanos da memória;
Íntimo sofrer, assaz desejado.
De um mero sonhador apaixonado;
Reminiscente ato de minha história,

02 de março de 2018

CANDIDAMENTE

Por que devo calar meus sentimentos;
São sinceros, puros e imarcescíveis,
Sendo, contudo por vezes, sofríveis,
E causa sensorial dos meus tormentos.

Não posso determinar os motivos,
Nem me conspurcam as tredas lembranças;
Por certo, advindas dos tempos de crianças,
Num terno relembrar, sem lenitivos.

A vida, ao separar nossos caminhos,
Esqueceu de eliminar os espinhos,
Terríveis, pungentes e oportunistas;
Dotando-me por herança, a saudade,
E certamente, esta infelicidade,
De ter aportes nefastos e egoístas.

27 de fevereiro de 2018

INSENSATO QUERER

Não choro as afrontas do meu destino;
Nada nos acontece de sobejo.
Tenho afinidades com meu desejo,
Sofrimentos ternos, desde menino,

Vera razão deste querer precoce;
Constante a me provocar desatinos;
Sempre a suportar manejos supinos,
Tentando amealhar desejada posse.

Jamais obstarei tolas atitudes,
Desprovidas de senso e de virtudes,
Respeitando tão só, tais veleidades;
Embora sabendo, que no final,
Tudo terá um desfecho banal,
Restando-me o consolo das saudades.

04 de março de 2018

ISABEL DE ARAGÃO

É Isabel um nome predestinado;
Bem nominou rainhas e arquiduquesas.
Preferencial entre várias nobrezas,
Que bem se destacaram no passado.

Porém, de todas uma nos encanta;
E por certo, sobeja entre as demais.
É Isabel de Aragão, e os divinais
Lampejos sacros, desta insigne santa.

Humildemente cumpriu sua missão,
Estando sempre em plena comunhão,
Com louvores, emanados do astral;
Suportou cilícios e caprichos mundanos,
Deixando a nós, pobres seres humanos,
Exemplos de um amor, transcendental.

08 de março de 2018

GUERRA JUNQUEIRO

Sou do Junqueiro, admirador constante,
Por sua verve, talentosa e ridente,
Pela imagística poética e fluente,
De inspiração fausta e flamejante.

Satírico, sem denotar rancores,
Um crítico de extremada lealdade;
Analisando com sinceridade,
Assuntos vários, de supinos valores.

Não há como ignorar seu talento,
Perfeito e de notório encantamento,
Abordando tema, sempre elevado.
Será eternamente reconhecido;
Pelos vindouros, jamais esquecidos,
Por versos, de um louvor inusitado.

22 de março de 2018

EPÍLOGO DE UM AMOR.

Tempo perdido, em querenças infantes.
A compartir, o amor, em teus espaços;
Bem constante, mas sem estardalhaços;
Eu sempre quiz a todos os instantes.

Não é um sonho, tampouco uma quimera;
Vive saudoso no imo das lembranças
Vituperado, sem ter esperanças
Menosprezado, nesta amarga espera.

Tentarei inutilmente, te olvidar,
Indiferente ao idílico sonhar,
Que o passar dos anos, nunca arrefece,
Apanágio conspícuo, de quem ama,
Que sofre, mas mantém acesa a chama;
Que mesmo esquecido, jamais esquece.

08 de março de 2018

FRUSTRAÇÃO

Mero desejo, que nasceu comigo;
Moureja nas entranhas do meu ser,
Sempre supino, neste meu viver,
Em sendo para mim, premio e castigo.

Queria apenas conter tão doce amada,
Vivendo assim, quimeras mui marcantes;
Sonhados enlevos, perseverantes,
Desta diva, sempre reverenciada.

Já não me importa ser ou não amado,
Não quero prestar culto, ao meu passado,
Envolto apenas em ressentimentos.
Outras vidas teremos, certamente,
E a mercê deste amor inconsistente,
Feliz suportarei, meus sofrimentos.

23 de junho de 2018

O BABAQUARA

Dom João VI, rei fujão, não via nada.
Era boçal, canhestro e atoleimado;
Por Carlota Joaquina, mui corneado,
Sendo cabrão bem manso de nomeada.

Dos filhos, Pedro talvez fosse seu.
Outro nasceu o Miguel, destrambelhado,
Sem ter um vero pai determinado
Com a mãe, em conjuras, se perdeu.

Após safarem-se do herdeiro real,
E do preclaro Marquês de Pombal;
Voltam os jesuítas, sempre venais.
Com uma rainha louca, e um rei fuleiro,
O reinado finou-se por inteiro,
E o rei, apenas momo de carnaval?

08 de março de 2018

DESDITA

Indubitavelmente, eu sou feliz,
Vivendo sempre só, sem ter amor.
Em seus manejos, o destino quis,
Fazer de mim, simples sonhador.

Transmutei enlevos em treda quimera,
Absorto, pensado em você, constante,
Com azo ardoroso e perseverante,
Triste, nesta longa e sofrida espera.

Devo aceitar ter sido, tão somente,
O refulgir, de um amor inconsciente,
Que solerte, extrapolou meu sonhar.
Substancial razão, da triste dolência,
Deste querer de magna persistência
De intenso ardor, e tirar conspícuo penar.

23 de março de 2018

"DO XIV AO XVI

Luiz XIV, em implícito conúbio,
Em sua megalomania desregrada,
Por impudicícia desavergonhada,
Anteviu: -"depois de mim, o dilúvio".

Fez de sua corte, um bordel disfarçado;
De Versalhes, o antro da perdição
Era rei, mas na verdade, um rufião;
Fez do neto, Luiz XV, um depravado.

Para Luiz XVI, nada restou;
Simplório e canhestro, tão só almejou,
Desfrutar, da Antonieta, tão supina;
E envolto nas tramas de sua consorte,
Foi, sem piedade, condenado a morte,
Terminando seus dias na guilhotina.

09 de março de 2018

A EVOLUÇÃO

Várias nações medram no velho mundo,
Valendo-se da força e do poder;
Fazendo, é certo, desaparecer,
Povos outros, de histórico fecundo.

Os egípcios, Caldeus, medos e persas,
Assim como, assírios e babilônicos,
Envoltos por opostos, antagônicos,
Tiveram honras e conquistas, dispersas.

Após os gregos, o Império Romano,
Do qual somos talvez remanescentes,
Compartindo nobres antecedentes;
Naturalmente, um simples ser humano,
Consciente de que, no conceito mundano,
Somos seres psíquicos ascendentes.

16 de março de 2018

DESVENTURA

Em desatinos, contudo feliz,
Instado talvez, por costa inocência,
Absorvido por ínsita carência,
Afastei-me do ser, que tanto quis.

Eu jamais seria ofensivo em meus atos;
Sinceros, afetuosos e sobejos;
A mostrar consequentes, meus desejos,
Em sendo coerentes e mui sensatos.

A vida, se passando inexorável,
Portava à socapa, algo abominável;
De pessoas torpes, e inescrupulosas,
Que, sub-reptícias, deliram meu sonho,
Transformando-me nesse ser tristonho,
Vítima de ações tredas e maldosas.

26 de fevereiro de 2018

DEMERITOS

Nos recessos da alma, medra a saudade,
Tormentos da paixão nunca vivida,
Naturalmente, sequer esquecida,
Relembrando sonhos da mocidade.

Jamais olvidarei as emoções delidas,
Terno rememoro, sempre lembrado;
Consubstanciando amores do passado,
Ousando revivê-los noutras vidas.

São sentimentos, que não mais existem;
Tão só nas minhas lembranças persistem,
Verdadeiramente bem desejados.
Infrenes e plenos em meus regalos,
Sendo pra mim, dorido recordá-los;
Lato masoquismo, de apaixonado.

07 de março de 2018

PERSEVERANÇA

Jamais te olvidarei, em minha vida,
Sois a vitalidade do meu querer;
Deste amor impossível de esquecer
Paixão que me avassala, sem guarida.

Um sentimento que nasceu comigo,
Premonitório, e pleno em meu passado;
Que por intrigas, foi menosprezado,
Sendo para mim, um tredo castigo.

Por certo, a vida comporta razões,
Contraria, às vezes, nossas ilusões,
Bem tergiversando, a seu bel-prazer.
Alterando profícuos sentimentos,
Inobservando os lautos valimentos,
Deste amor, impossível de esquecer.

03 de abril de 2018

VÍVIDO ANELO

Certamente havia um belo resplendor,
Nos teus olhos, sempre que os meus fitava;
Embevecidamente, eu te observava,
Buscando em teu âmago, nuances do amor.

Bem surpreso, com tua airosa presença,
Eu revivia, os momentos do passado,
As nuanças, daquele amor desejado,
Real mandatário, da minha querença.

Sentimento veraz, mas defasado,
Sempre, diuturnamente relembrado,
Num transido querer, assaz fecundo.

Por veleidades, busco te esquecer,
Mas na realidade, irei reviver,
Este amor combalido, mas profundo.

17 de abril de 2018

ENLEVAÇÃO

Nota-se um certo enfado, no teu olhar.
Não és mais a diva, por mim sonhada;
Não tendo teus olhos, tanto brilhar,
Que faziam de ti dúlcida fada.

Que seja tudo, banal suspeição
Com nosso amor, sempre correspondido,
Sublime e perene, em teu coração,
Contendo o doce amor, nunca esquecido.

Um querer, bem marcante e singular,
Num airoso e incontido desejar,
De um ardor tenaz, jamais esmaecido;
Prenhe de inusitada elevação,
Da mais deslumbrante e terna paixão,
De um notável ardor, já mui querido.

06 de maio de 2017

DESORNADO AFETO

Este amor, que perdeu a majestade;
Partilhou de quiméricos enlevos,
Que feneceram, nos tempos primevos,
No dealbar infrene da mocidade.

Jamais lamentarei minha desdita,
Acaso fortuito, irremediável,
Por manejos, de um ser abominável,
Que fez do meu amor, paixão finita.

É vida, que lentamente se acaba,
Um castelo de areia, que desaba,
Levará de roldão, meu doce sonho.
Mas mesmo assim, quedará, sempre comigo;
Constante a recordar, o anelo antigo,
Efêmero consolo, que disponho.

05 de abril de 2018

ÊXTASE

É bem lastimosa, a atenção que recebo,
Desatentamente, sem o ardor sublime,
Que sendo ínsita e natural, bem redime,
O amor, que desde jovem, em mim percebo.

Inato, por certo já nasceu comigo;
Já presente, nos faustos da juventude,
A insuflar em meu ego, notada virtude,
Contendo sempre, amplo e dulcífico abrigo.

Com um ardor profícuo, e bem premente,
Bem consolidado, assaz naturalmente,
Em meu coração, puro, veraz e sincero.

Saudade conspícua, que bem me avassala;
Razão deste infrene torpor que me abala,
Sempre fido ao ser, que ternamente adoro.

06 de abril de 2018

ILUDENTE SONHAR

Um doce augúrio, que nasceu comigo,
Premonitório e pleno em meu passado;
Que, mercê de intrigas, fui alijado.
De sonho viver, sempre contigo.

Jamais foste olvidada, nesta vida;
Duma realidade, do meu querer;
Deste amor, impossível de esquecer;
Torpor que me avassala, sem guarida.

A vida, certamente tem razões,
Que contrariam nossas ilusões,
Com evasivas, ao seu bel prazer;
Transmutando sobejos valimentos,
Sem considerar sentimentos nossos sentimentos,
E a lide insana, pra te merecer.

07 de abril de 2018

ÍNSITOS REGALOS

Nos esconsos da alma, mora a saudade;
Tormentos da ilusão, jamais vivida,
Por certo, perdidamente esquecida;
Causa crucial, desta infelicidade.

Dolente sentimento, a olvidar,
Sempre fúlgido, solerte, presente;
Resplandeceu em mim, esplendidamente,
Interagindo neste meu sonhar.

Azos doridos, dos meus tristes fados,
Assaz, diuturnamente relembrados,
Dominados por tensões inauditas.
Lamentosas, sofridas, bem marcantes,
Ilusório apanágio dos amantes,
Que retratam, tão só, crebas desditas.

13 de abril de 2018

SONHO MEU

Os anos a se passar, repentinos.
A vida se acabando, pouco a pouco;
E esta saudade, me deixando louco;
Levando-me a praticar desatinos.

Busco desesperado, o esquecimento,
Pondo termo ao meu angustiante sofrer;
Numa esperança incerta, de sorver,
O travo, de tão triste sentimento.

Já nada mais tem importância, agora;
Sem sonhos, sem anseios, muito embora,
Na dúlcida ilusão, de encontrar-te ainda.
Lego aos céus, a saga do meu destino,
Almejando que no âmbito divino,
Possamos ter, felicidade infinda.

20 de abril de 2018

AMOR SONHADO

Seria para mim, assaz impactante,
Bem perceber, no íntimo do meu ser,
A obrigatoriedade de esquecer,
Deste amor que me traz, sofrer constante.

Viverei nesta saudade, sem ciúmes,
Sabendo que nada mais me restou,
Que meu ardoroso sonho se acabou,
Restando-me olvidar, tristes queixumes.

Busco esquecê-la, embora inutilmente,
Sentindo-a junto a mim, sempre presente,
Degustando arcanos, dos teus pendores.

Bem certo de que nada mais me resta,
Sendo a vida, um simples final de festa

DESILUSÃO

Foi naturalmente, um simples sonhar,
Enredo bem vivo, na minha mente;
Vã ilusão, de um sonhador carente,
Cativo de um constante desejar.

Anelo, certamente equivocado,
Lembranças de uma infância assaz funesta,
Problemas desta triste vida, infesta,
Que fazem de mim, um pobre coitado.

Hoje, no obscuro acaso desta vida,
Sem sonhos, esperanças, sem guarida,
Persisto, num desejar enfadonho,

Num viver vazio e desesperador,
Sem compartir, um só gesto de amor,
Eternamente infeliz e tristonho.

18 de dezembro de 2016

sumário

3	ALMAS GEMEAS	29	REVIVER
4	SOFREGUIDÃO	30	"POUR ELISE" (Epigrama)
5	RECORDANDO		
6	SEMPITERNO	31	DESPERTAR DO AMOR
7	RENITÊNCIA	32	ANGÚSTIA
8	RECONCILIAÇÃO	33	PEDRA FUNDAMENTAL
9	AMOR EXÍGUO	34	RECÔRDO
10	EVOLUÇÃO	35	VIVÊNCIAS
11	AMOR ETERNAL	36	VOCÊ
12	RECORDAÇÕES	37	VÃ QUIMERA
13	BERÇO AMADO	38	DESAMOR
14	IBIRAPAU, AÇÚGIGANTE	39	PERSISTÊNCIA
		40	EXAURIDO AMOR
15	O SERESTEIRO	41	ILUSO AMOR
16	SEXUALIDADE	42	ÍNSITO QUERER
17	FÁTUO AMOR	43	ENGANO
18	DOLÊNCIA	44	RECORDAÇÕES
19	ÍNSITO QUERER	45	"ONLY YOU"
20	AMBIGUIDADE	46	DESILUSÃO
21	RELEVÂNCIA	47	CONSPÍCUO AMOR
22	EXAURIDO AMOR	48	INOCENTE QUERER
23	SONHO ILUSÓRIO	49	ARROUBOS
24	MÃE	50	FÁTUO AMOR
25	MELANCÓLICO	51	DELUSO
26	MIMO	52	DEVOÇÃO
27	ÊXTASE	53	QUIMERIZANDO
28	RENITÊNCIA	54	AMOR SUTIL

55	PAIXÃO ESTOICA
56	AS TESTEMUNHAS
57	GENTÌLICO AMOR
58	ISRAEL
59	SÔFREGO SONHAR
60	HERCULANUM E POMPÉIA
61	SENSORIAL
62	RICARDO, O CRUZADO
63	FLOR DO LÁCIO
64	TORPOR
65	ALMEJOS
66	INUSITADO AMOR
67	CREPÚSCULO
68	OLAVO BILAC
69	SEXO
70	LUCRÉCIA BÓRGIA
71	RODRIGO BORGIA
72	MESSALINA
73	PODER TEMPORAL
74	"MME. DU BARRY"
75	SUZANA
76	SENSUALIDADE
77	DESEJO ARDENTE
78	CONSTÂNCIA
79	RENÚNCIA
80	VAGO SONHAR
81	DESENCANTO
82	SUBLIME AMOR
83	TORMENTO

84	ILUDENTE AMOR
85	PRANTEADO AMOR
86	INDÚBITA AFEIÇÃO
87	ILUSÔES
88	INÉPCIA
89	VOCÊ
90	INTENSO AMOR
91	DOLÊNCIAS
92	TORMENTOSA ILUSÃO
93	TRISTEZA
94	SUBLIMAÇÃO
95	SUBLIME AMOR
96	HIPOCRISIA
97	SOFRENTE
98	VÍVIDO AMOR
99	OBSTINAÇÃO
100	RETORNO
101	ANSEIOS D`ALMA
102	DESEJAR ONÍRICO
103	EMPÍRICO VIVER
104	DEDICADO AFETO
105	PERSEVERANÇA
106	DESENGANO
107	REMÊMOROS
108	RELEVÂNCIA
109	PERTINÁCIA
110	INFORTUNIO
111	TORMENTO
112	ESTOICISMO
113	AMARGURA

114	TREDO SONHAR	141	NO ASTRAL
115	SOMENTE AMOR	142	A IMENSIDÃO DO NADA
116	PRETÉRITA PAIXÃO	143	FAJUTO AMOR
117	SOSSEGO	144	ETERNAMENTE
118	FUGAZ E ETERNAL	145	DULCÍFICA INOCÊNCIA
119	DEVANEIOS	146	REMINECÊNCIAS
120	REENCONTRO DE ALMAS	147	CANDIDAMENTE
		148	INSENSATO QUERER
121	INDIFERENÇA	149	ISABEL DE ARAGÃO
122	PENARES	150	GUERRA JUNQUEIRO
123	SUTILEZA	151	EPÍLOGO DE UM AMOR.
124	IMAGINAÇÃO	152	FRUSTRAÇÃO
125	INCONSTÂNCIA	153	O BABAQUARA
126	DESASTRADO AMOR	154	DESDITA
127	REMISSÂO	155	"DO XIV AO XVI
128	DITOSO QUERER	156	A EVOLUÇÃO
129	TERNO ENLEVO	157	DESVENTURA
130	MONA LISA	158	DEMERITOS
131	LÂNGUIDO SONHAR	159	PERSEVERANÇA
132	SÔFREGA DESILUÇÃO	160	VÍVIDO ANELO
133	ANGUSTIOSO AMOR	161	ENLEVAÇÃO
134	RESIGNAÇÃO	162	DESORNADO AFETO
135	ENLEVOS D'ALMA	163	ÊXTASE
136	SE	164	ILUDENTE SONHAR
137	MADRE TEREZA	165	ÍNSITOS REGALOS
138	ASCENDER	166	SONHO MEU
139	EVOLUÇÃO	167	AMOR SONHADO
140	CANDURA	168	DESILUSÃO

- editoraletramento
- editoraletramento.com.br
- editoraletramento
- company/grupoeditorialletramento
- grupoletramento
- contato@editoraletramento.com.br

- editoracasadodireito.com
- casadodireitoed
- casadodireito